購入者限定特典！
2024年度〜新出題形式対応問題（全8回）
ダウンロードサービスのご案内

　2024年度より出題されるようになった、「仕訳の結果から取引内容などを推定する」試験問題（本書「模擬試験問題1・2」にも収録）については、過去問題も少なくて学習が難しいと感じる方も多いと思います。

　そこで、この新出題形式で筆者がつくった8回分の練習問題を、本書の購入者へのダウンロードサービスとして公開します！

（1〜8枚目まで問題を1セットずつ、9枚目に解答を掲載しています）

　下記URLまたはQRコードよりアクセスのうえ、ご活用ください！

【URL】

https://kashiwagi.ac.jp/~jitsugyo_info/pdf/3rd_grade_newquestion.pdf

【QR】

※「QR」および「QRコード」は株式会社デンソーウェーブの登録商標です。

訂正情報のご案内

2024年10月現在、本書の記述において下記のような誤りがありました。訂正してお詫び申し上げますとともにご確認をお願いいたします。

頁	訂正箇所	訂正前	訂正後
本文			
18	2-1 現金と預金　頁内最下部	まずはやってみよう！の例→1と2に○	まずはやってみよう！の例→2・3・4に○
25	2-2 演習問題 2.	三重商品店より商品￥70,000 を購入し…	三重商店より商品￥70,000 を購入し…
47	2-6 演習問題 2.	前橋商店へ商品￥600,000 を販売し、消費税￥60,000 と共に、代金は後日支払うこととした。	前橋商店へ商品￥600,000 を販売し、消費税￥60,000 と共に、代金は後日受け取ることとした。
122	4-3 演習問題　第3問 図表「仕入先（売掛金）元帳」内 「次月繰越」の日付欄	30	31
138	模擬試験問題▶1　第1問 先頭の問題文の点数表記	～消費税の会計処理は考慮しなくてよい (28点)	～消費税の会計処理は考慮しなくてよい (32点)

商品コード：110-9152　／　ISBN：9784800591524

初学者・留学生が合格できる　全経簿記3級テキスト＆模擬問題集

License Examination on Book-keeping of Third Grade
Text & Workbook for Beginners & International Students

初学者・留学生が合格できる

全経簿記
ぜんけいぼき

3級
きゅう

テキスト&模擬問題集

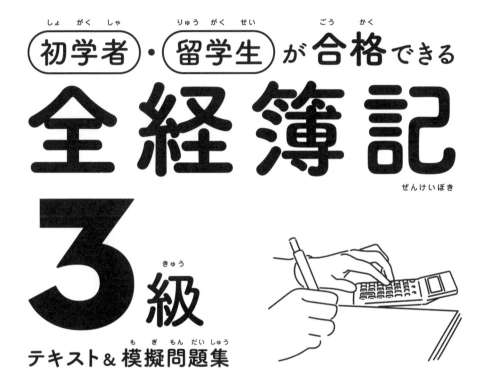

柏木実業専門学校　総括教諭　伊藤正義（著）

日本能率協会マネジメントセンター

本書の内容に関するお問い合わせについて

　平素は日本能率協会マネジメントセンターの書籍をご利用いただき、ありがとうございます。

　弊社では、皆様からのお問い合わせへ適切に対応させていただくため、以下①～④のようにご案内いたしております。

---

①お問い合わせ前のご案内について

　現在刊行している書籍において、すでに判明している追加・訂正情報を、弊社の下記 Web サイトでご案内しておりますのでご確認ください。

https://www.jmam.co.jp/pub/additional/

②ご質問いただく方法について

　①をご覧いただきましても解決しなかった場合には、お手数ですが弊社 Web サイトの「お問い合わせフォーム」をご利用ください。ご利用の際はメールアドレスが必要となります。

https://www.jmam.co.jp/inquiry/form.php

　なお、インターネットをご利用ではない場合は、郵便にて下記の宛先までお問い合わせください。電話、FAX でのご質問はお受けいたしておりません。
〈住所〉　〒 103-6009　東京都中央区日本橋 2-7-1　東京日本橋タワー 9F
〈宛先〉　㈱日本能率協会マネジメントセンター　出版事業本部　出版部

③回答について

　回答は、ご質問いただいた方法によってご返事申し上げます。ご質問の内容によっては弊社での検証や、さらに外部へ問い合わせることがございますので、その場合にはお時間をいただきます。

④ご質問の内容について

　おそれいりますが、本書の内容に無関係あるいは内容を超えた事柄、お尋ねの際に記述箇所を特定されないもの、読者固有の環境に起因する問題などのご質問にはお答えできません。資格・検定そのものや試験制度等に関する情報は、各運営団体へお問い合わせください。

　また、著者・出版社のいずれも、本書のご利用に対して何らかの保証をするものではなく、本書をお使いの結果について責任を負いかねます。予めご了承ください。

はじめに

本書を手に取られた皆さん！

あなたは、『簿記』という学問の第一歩を、ここにスタートさせました。

公益社団法人全国経理教育協会（全経協会）主催の簿記能力検定は、文部科学省の後援を受けた検定試験で、3級商業簿記は『小規模株式会社』を想定した内容となっています。

簿記の検定資格は、営業・管理・企画などの事務職（いわゆるオフィスワーカー）として就職活動を行う際に有利になります。また、特に留学生の皆さんにとっては、「技術・人文知識・国際業務」にビザを変更する際、出入国在留管理庁（入管）の審査が通りやすくなる利点もあります。日本でオフィスワーカーとしての就労を目指す際には、いわば必須の資格であると言えるでしょう。

本書は全経協会の推薦を受けた、テキストでの学習とオリジナル問題での演習がセットになった簿記の教科書です。第2章までのテキストの各テーマでは、まず簿記に関連した例題に取り組んでイメージをします。そこからテキストで学習を進め、最後に演習問題を解いて身についたかを確認します。テキストでは、簿記で意外と多く出てくる漢字の苦手な方のために、本文の各見開きで最初に出てくる漢字にルビをつけました。

また、第5章では、実際の検定試験を想定した模擬試験問題を計3回分収録しています。さらに、日本でビジネスを学ぶ留学生の皆さんが簿記を学習しやすいよう、英語・中国語・ベトナム語・ネパール語・韓国語に対応した勘定科目対応表を掲載しました。

本文には随所にわかりやすい図解を入れ、演習問題には他の問題集では練習のしづらい、あるいは練習できない問題を複数、用意しています。

この一冊で、日本人の方も留学生の方も、簿記の基本をしっかりと学んでいただき、模擬試験問題を繰り返し解いてもらえれば、合格間違いなしです！　これに加え、全経協会発刊の過去問題集にも取り組めば、まさに「鬼に金棒」でしょう。

そして、全経3級商業簿記に合格したあかつきには、ぜひ全経2級商業簿記と2級工業簿記、そして日商簿記検定3級や全経1級商業簿記と1級工業簿記へとステップアップしてほしいです。

本書を手に取られた方々の全経簿記3級商業簿記合格を、心から祈念いたします。

2024年2月

柏木実業専門学校　総括教諭

伊藤　正義

この本の使い方

❶ 例題と本文に取り組もう！

　簿記の基本について学んでいく第1章から第3章第2節までは、テーマの最初に
『まずはやってみよう！』という例題があります。簿記の知識がなくても、あなた
の感覚として「これで合っているんじゃないかな？」くらいの気持ちで答えて大丈
夫です（解答は同じテーマのページの下にあります）。

　『まずはやってみよう！』に取り組んだら、続けてテキストを読んでいきましょ
う。先ほど答えを考えたときの内容をもとにしていることも多いため、頭に入って
きやすいと思います。

　テキストの本文では、開いたページの最初に出てきた漢字にルビがついていま
す。順に読んでいけば、2回目に出てきたルビのない漢字も読んでいくことができ
るでしょう。

❷ 演習問題にチャレンジ！

　各テーマの最後や途中には、ここまで学んだ内容をおさらいできる『演習問題』
が用意されています。『まずはやってみよう！』と違って解答は別冊にあるため、
まずは答えを見ずに解いてみて、身についたかどうかを確認しましょう。

　また、『演習問題』と次に紹介する『模擬試験問題』には、あえてルビをつけて
いません。検定試験本番のつもりでトライしましょう！

❸ 模擬試験問題で検定に備える！

　第5章では、検定試験と同じ問題形式や点数配分を想定した『模擬試験問題』を収
録しました。全部で3回ありますので、いろいろな問題に対応できるようになりま
す。検定試験の合格点である70点以上が、3回ともとれるようにがんばりましょう。

　なお、❷の『演習問題』と❸の『模擬試験問題』については、解答用紙のダウ
ンロードサービスがあります。繰り返し勉強したい方はぜひ活用してください。

→ https://www.jmam.co.jp/pub/9152.html

1-1 簿記って何!?

まずはやってみよう！

問題 次の日常の出来事について、記録をつけたほうがよいものに○をつけてみましょう。

○or×	日常の出来事
	アルバイト先から、今月分の給料￥80,000が銀行の預金口座に振り込まれた。
	今月分の学校の授業料￥100,000を振り込むため、銀行に向かった。
	コンビニエンスストアでランチを購入し、財布のなかから￥1,000を支払った。
	パンと牛乳で朝食をとった後、身支度をして学校に向かった。

◆簿記とは

お店や会社で取引が行われた際に、記録・計算・整理を行う技術のことです。

◆なぜ簿記を

簿記の主な

演習問題

答え ➡ 別冊 P.2

次の取引のうち、簿記のルールに基づいて記録されるものに○をつけなさい。

○or×	日常の出来事
	大和商店に対して商品￥500,000の注文をした。
	平塚商事より商品￥700,000の注文を受け￥100,000を現金で受け取った。
	白猫運輸に商品￥300,000の配送を依頼した。
	水道局より今月分の上下水道料金￥10,000を請求され、普通預金から振り込んだ。

模擬試験問題 ▶ 1

第1問 次の取引を仕訳しなさい。ただし、勘定科目は、次の中から最も適切と思われるものを選ぶこと。なお、とくに指示がない限り、消費税の会計処理は考慮しなくてよい（28点）

現 金	当 座 預 金	普 通 預 金	定 期 預 金
売 掛 金	有 価 証 券	未 収 金	支 払 手 付 金
仮 払 消 費 税	仮 払 金	備 品	車 両 運 搬 具
買 掛 金	貸 倒 引 当 金	仮 受 消 費 税	所 得 税 預 り 金

▼ **解答欄** （4点×8問＝32点）

	借 方	金 額	貸 方	金 額
1				
2				
3				

全経3級商業簿記　検定試験概要

【簿記能力検定試験出題基準および合格者能力水準】

3級商業簿記：小規模株式会社

　小規模企業として位置づけられる株式会社の経理担当者ないし管理者として、小売業や卸売業（商業）における管理のための基本的な帳簿を作成でき、かつ、照合機能を中心とした複式簿記の仕組みを理解し、家計と会社を分離する会計を認識し、会社の資産負債勘定（実体勘定）の基本的決算整理ならびに、営業費用の決算整理（簡単な見越し繰延べの処理）ができ、これによる損益計算書と貸借対照表を作成できる。

　商業つまり小売・卸売業の処理については、仕入活動と販売活動の側面を別個に把握する三分法による。なお、税抜き方式の消費税の処理も行える。

【受験要項の要約】

試験日	年4回（5月、7月、11月、2月）
受験資格	男女の別、年齢、学歴、国籍等の制限なく誰でも受験可能
受験料	3級2,000円（税込）
申込期間	試験日の約1〜2か月前（詳細は公式HP内の「受験要項」参照）
試験会場	全経協会加盟校より指定（多くは専門学校にて実施）
申込方法	①全経協会HP（https://www.zenkei.or.jp/）の申込サイトにてメールアドレスを登録 ②送られてくるIDとパスワードを使って指定のマイページにログイン ③マイページ内で受験する検定と級を申込申請 　（開始時間が異なれば複数申込可） ④提示された方法から受験料を支払って申込完了 ⑤試験日2週間前よりマイページから受験票を印刷
試験時間	90分間
合格発表	試験日より1週間以内にマイページで閲覧可

※（公社）全国経理教育協会HP（http://www.zenkei.or.jp/youkou）をもとに作成。
※2024年2月時点の公表内容につき、実際に受験する際は最新情報を確認してください。

【3級商業簿記の受験状況】

年度	2020年度	2021年度	2022年度	2023年度（※）
受験者数	19,186名	19,240名	17,462名	10,870名
合格者数	12,524名	12,855名	11,239名	7,411名
合格率	65.3%	66.8%	64.4%	68.2%

※2023年は、5・7・11月までの合計です。

目 次

第 **4** 章 **帳簿と証ひょう**

第 **5** 章 **模擬試験問題**

付録

第1章
簿記の概要

この章では、これから学習を始める「簿記」の全体像について学びます。
簿記の基本的なルールについて触れていますので、しっかりおさえましょう‼

1-1 簿記って何!?

まずはやってみよう!

問題 次の日常の出来事について、記録をつけたほうがよいものに○をつけてみましょう。

○or×	日常の出来事
	アルバイト先から、今月分の給料￥80,000が銀行の預金口座に振り込まれた。
	今月分の学校の授業料￥100,000を振り込むため、銀行に向かった。
	コンビニエンスストアでランチを購入し、財布のなかから￥1,000を支払った。
	パンと牛乳で朝食をとった後、身支度をして学校に向かった。

◆簿記とは

お店や会社で取引が行われた際に、記録・計算・整理を行う技術のことです。

◆なぜ簿記をつけるの?

簿記の主な目的は、ある期間の財政状態と経営成績を明らかにすることです。

財政状態
一定時点における会社の財産などの状態のこと

この2つを明らかにする

経営成績
一定期間にどれだけ「もうかったか」を示すもの

通常は1年で区切り、この期間を会計期間といいます。

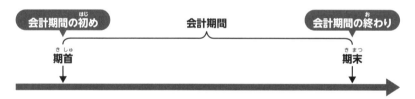

会計期間の初め　　　会計期間　　　会計期間の終わり

期首　　　　　　　　　　　　　　　　期末

演習問題

答え ➡ 別冊P.2

次の取引のうち、簿記のルールに基づいて記録されるものに○をつけなさい。

○or×	日常の出来事
	大和商店に対して商品￥500,000の注文をした。
	平塚商事より商品￥700,000の注文を受け￥100,000を現金で受け取った。
	白猫運輸に商品￥300,000の配送を依頼した。
	水道局より今月分の上下水道料金￥10,000を請求され、普通預金から振り込んだ。

まずはやってみよう!の例 ➡ 上から○、○、○、×

1-2 財務諸表とは？

まずはやってみよう！

問題 左側にある書類の説明として正しいものを右側の項目から選び、線で結んでみましょう。

書類　　　　　　　　　　　　　　説明

健康診断書・　　　・① 1年に1回、人間の健康状態を確認するために行われる健康診断の結果

　　　　　　　　　・② 学校が定めた期間（通常は1年）で修めた学業成績の一覧

成績表・　　　　　・③ 学校を卒業したことを証明

◆お店や会社にも健康診断書や成績表がある

1-1 で説明したように、簿記を正確に行うと、お店や会社の財政状態や経営成績を明らかにすることができます。

財政状態は人間でいうと「健康状態」、経営成績は「学校の成績や仕事の業績」に置き換えられます。こうした会社の健康診断書を『貸借対照表』、成績表を『損益計算書』と呼びます（各項目は **1-3** で学びます）。

この2つの書類をまとめて『財務諸表』といいます。そして、この財務諸表の作成（⇒P.89）が、簿記の大きな目標の1つとなっています。

〈財務諸表〉

貸借対照表

損益計算書

◆財務諸表の左と右は必ず一致する

財務諸表の記録が正確なら、貸借対照表・損益計算書のそれぞれに同じ差額が発生し、左右の合計金額が一致します。

この、同じになる差額のことを『当期純利益（または当期純損失）』と呼び、会計期間でうまく会社を運営できたかの目安になります。会社は『当期純利益』を出せるよう、日々の営業活動をがんばっているのです。

演習問題

答え➡別冊P.2

次の簡略化した貸借対照表・損益計算書の空欄に入る数字を計算し、記入しなさい。

貸借対照表

資産 ¥100,000	負債 ¥30,000
	純資産 ¥50,000
	当期純利益 （¥　　　　）

損益計算書

| 費用 （¥　　　　） | 収益 ¥350,000 |
| 当期純利益 ¥20,000 | |

まずはやってみよう！の例 ➡ 「健康診断書」は①、成績表は②に線を引く

仕訳・転記とは？

① 仕訳とは？

まずはやってみよう！

問題 次の記録を、こづかい帳に記録してみましょう。

4/1（土） 所持金がなくなっていたところ、今月分のこづかい¥7,000をもらった。

4/5（水） スーパーで¥500のお菓子を買い、現金で支払った。

4/8（土） 親戚のおじさんが遊びにきて、¥1,000を現金でもらった。

4/10（月） ¥6,000するゲームソフトを家電量販店で購入し、現金で支払った。

4月のこづかい帳

日にち	曜日	内容	入ったお金	出ていったお金	残高

　上のこづかい帳では、現金の出し入れについてだけの記録でした。では、会社で簿記を使って記録するときも同じようにできるのでしょうか？

　答えはNO。

　会社では、現金のほかにさまざまな財産や債務を持ち、そのうえでビジネスを行っています。そこで簿記では、現金以外の財産（会社（私たち『人』）が持っているとうれしいもの）や債務（借金など、会社が持っていると嫌なもの）も、取引によって移動したときに記録を残します。その記録のスタートが『仕訳』と呼ばれるものです。

◆仕訳の記録方法

　会社の財産は『資産』、会社の債務は『負債』といいます。そして『資産』から『負債』を引くことで、会社の純粋な資産である『純資産』が出ます。これらは、会社の健康診断書ともいえる『貸借対照表』（⇒P.11）へまとめます。

　また、会社がビジネスを行う過程でお金を得た場合、会社にお金が入ってきて資産が増えます。これを『収益』と呼びます。逆に会社からお金が出ていって資産が減るなどしたら、『費用』として記録します。これらは、会社の成績表といえる『損益計算書』（⇒P.11）へまとめます。

　貸借対照表を構成する『資産』『負債』『純資産』と損益計算書を構成する『費用』『収益』は、毎日の取引によって移動・発生します。簿記ではそのとき、適正な項目（これを『勘定科目』といいます）を使い、それぞれのルールにもとづいて記録します。

　また、簿記では左右にわけて記録することが多く、記録したときの左側のことを『借方』、右側のことを『貸方』と呼びます。

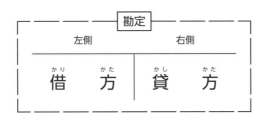

〈5つの勘定科目と財務諸表の関係〉

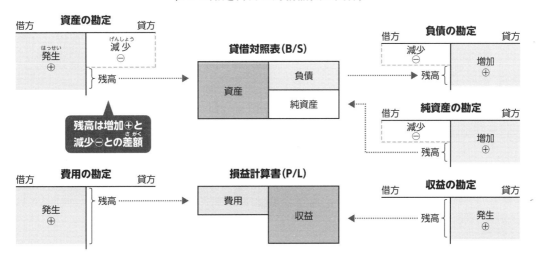

日にち	曜日	内容	入ったお金	出て行ったお金	残高
4/1	土	今月のこづかい	7,000		7,000
4/5	水	お菓子代		500	6,500
4/8	土	おじさんからもらう	1,000		7,500
4/10	月	ゲームソフト代		6,000	1,500

まずはやってみよう！の例

演習問題

次の取引の仕訳を記入しなさい。ただし、勘定科目は次の中から最も正しいものを選択すること。

現　金　仕　入　売　上　普通預金　借入金　給　料

1．横浜商店より商品￥10,000を購入（『仕入』を使用）し、代金は現金で支払った。
2．静岡物産に商品￥50,000を売却し（『売上』を使用）、代金は普通預金に振り込まれた。
3．名古屋銀行より借りていた借入金￥30,000について、現金で返済した。
4．従業員に対して、今月分の給料￥100,000を普通預金から振り込んで支払った。

	借　方	金　額	貸　方	金　額
1				
2				
3				
4				

② 転記とは？

まずはやってみよう！

問題 次の取引のうち、簿記のルールに基づいて記録されるものに○をつけなさい。

No.	○×	取引の内容
1		千葉農園に商品￥500,000の購入をするための予約をした。
2		埼玉通信に今月分のインターネット使用料￥50,000を現金で支払った。
3		東京商店へ商品￥300,000を売り渡し、代金は普通預金口座に振り込まれた。
4		甲府物産より商品￥250,000の注文を受けた。

簿記の記録のスタートは、『仕訳』と呼ばれるものでした。では次に、どのような記録を残す必要があるでしょうか？

上の問題ではNo.2と3に○が正解でしたが、これは取引によって会社の財産が移動したからです。このような取引による財産の移動が、会社では毎日多く発生しており、一日のうちにその数だけ仕訳が行われています。

　このときに『現金』の残高を確認しようとしても、仕訳だけの記録ではその一つひとつを見返さなければなりません。

　つまり、仕訳という記録だけでは、会社のお金の状況をすぐに把握することが難しいのです。そのため、『総勘定元帳』（Ｔフォーム）と呼ばれる帳簿（ノートのようなもの）へ、勘定科目ごとに『転記』が行われます。

　現在は、IT化が進んだ影響もあり、実務で転記を紙媒体に行うことはほぼありませんが、もしデータで記録した情報に間違いがあった場合、総勘定元帳への転記の仕組みを理解していないと、間違った箇所を探し出せません。

　検定試験でも、総勘定元帳への転記の問題はよく出ますので、しっかりと仕組みを理解しておきましょう！

◆転記のやり方

　まずは、下の転記を図で表したものを見てください。

	借　　方		貸　　方	
	勘 定 科 目	金　　額	勘 定 科 目	金　　額
4/1	備　　　品	120,000	現　　　金	120,000

備　　品

4/1 現　金 120,000

現　　金

4/1 備　品 120,000

　これは「4月1日　事務用のパソコン（勘定科目は「備品」）を¥120,000で購入し、代金は現金で支払った」仕訳を、備品と現金の総勘定元帳へと転記した図です。

　転記する際は、借方（左側）に仕訳された勘定科目を、総勘定元帳でも借方（左側）に、貸方（右側）に仕訳された勘定科目は総勘定元帳でも貸方（右側）に記入します。

　それぞれ記入する内容は、「日付」「対応する勘定科目」「金額」です。

　ポイントは、『**対応している勘定科目を記入する＝自分の勘定科目は記入しない**』ということです。

　図の例ですと、備品に対応している勘定科目は現金ですから、備品の総勘定元帳の左側には、相手の勘定科目として『現金』が記入されています。現金はその逆で、現金の総勘定元帳の右側に、対応する勘定科目として『備品』が記入されているのです（なお、相手の勘定科目が複数ある場合は、『諸口』と記入します。）。

　簿記を初めて学ぶときに最初につまずくのは、この仕訳と転記です。

　転記の仕組みをしっかりと理解し、パズルのように簿記の学習を楽しんでいきましょう！！

演習問題

次の取引の仕訳を記入し、総勘定元帳に転記（日付・勘定科目・金額を記入）しなさい。
ただし、勘定科目は総勘定元帳の中から最も正しいものを選択すること。

4/1　大阪商店より商品￥70,000を仕入れ、代金は現金で支払った。

4/5　京都物産へ商品￥90,000を売り渡し、代金は普通預金に振り込まれた。

4/8　神戸商事へ商品￥80,000を売り渡し、代金は現金で受け取った。

4/10　従業員に対する今月分の給料￥100,000を現金で支払った。

	借　方	金　額	貸　方	金　額
4/1				
4/5				
4/8				
4/12				

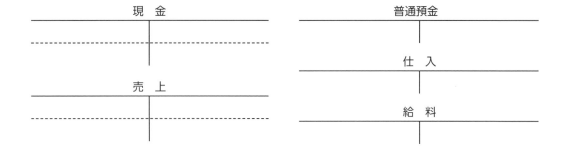

現　金　　　　　　　　　　　　　　　　普通預金

仕　入

売　上　　　　　　　　　　　　　　　　給　料

ちょっと一息
電卓の使い方

簿記の問題を解いているときに、電卓で続けて計算することができない問題が出てきたら、皆さんはどうやって計算をしますか？ おそらく、これまでの計算結果をメモして残し、続きの計算をしているのではないでしょうか。実は、電卓には便利な機能がたくさんあり、それを使えばメモせずに計算が続けられます。そんな便利機能を少しご紹介します。

M+ メモリープラスキー ➡ 電卓に計算結果や入力した数字を加算として記憶させる

M− メモリーマイナスキー ➡ 電卓に計算結果や入力した数字を減算として記憶させる

MR RM メモリーリターンキー ➡ 記憶されたメモリー計算の結果を呼び出す

GT グランドトータルキー ➡ = を押した計算の小計を呼び出す

▶ → けた下げキー ➡ 入力した数字や計算結果の最小位にある値を消去する

第2章
日常の取引

この章では、会社が日常的に行っているビジネスを簿記で記録するときの方法について学びます。

2-1 現金と預金

① 現金とは？

まずはやってみよう！

問題 次の取引のなかで『現金』の増減が発生するものに○を記入してみましょう。

1. 従業員に対して、今月分の給料¥300,000を普通預金から振り込んで支払った。
2. 郵便切手¥5,000分を購入し、代金は現金で支払った。
3. 広島商店に商品¥500,000を売り渡し、代金は同店が振り出した小切手で受け取った。
4. 岡山商店に代わり立替払いしていた郵便代¥500として、同店より同額の定額小為替を受け取った。

1	2	3	4

◆簿記での「現金」

一般的な「現金」は、政府が発行した紙幣（紙のお金）と硬貨（コイン）のことをいいますが、簿記の世界では、次のものも『現金』として扱います。

- 他人が振出した小切手（銀行に持っていくと、すぐに現金化できる紙片）
- 普通小為替ならびに定額小為替（郵便局で扱っている、すぐに現金化できる紙片）
- 送金小切手（銀行などの金融機関が発行する小切手で、銀行ですぐに現金化できる紙片）
- 配当金領収書（銀行などの金融機関で現金化できる、配当金の領収書（クーポン））

上記の「小切手」とは、書かれた金額と同じ価値を持たせられる紙片です。日付・金額・会社名などを記入して相手に渡すことを『小切手の振出』といい、取引での支払方法の一種です。

小切手を含むこれらの紙片を『通貨代用証券』といい、受け取った側は、『現金』を増加させることができます。

『現金』は、会社（＝人）が持っているとうれしいものです。よって『資産』となり、仕訳の際は増加（プラス）したら借方（左側）に、減少（マイナス）したら貸方（右側）に記入します。

まずはやってみよう！の例 ➡ 1と2に○

演習問題

答え➡別冊P.3

次の取引の仕訳を記入しなさい。ただし、勘定科目は次の中から最も正しいものを選択すること。

現　金　　仕　入　　売　上　　借入金　　給　料

1. 東京商店より商品￥70,000を購入し、代金は現金で支払った。
2. 大阪物産に商品￥90,000を売却し、代金は先方振出の小切手で受け取った。
3. 神奈川銀行より借りていた借入金￥30,000について、現金で返済した。
4. 従業員に対して、今月分の給料￥100,000を現金で支払った。

	借　方	金　額	貸　方	金　額
1				
2				
3				
4				

② 預金とは？

まずはやってみよう！

問題 次の取引のうち、『普通預金』の増減が発生するものに〇を記入してみましょう。
1. 銀行と普通預金契約を交わし、現金￥500,000を預け入れた。
2. 群馬商店より商品￥300,000を購入し、代金は後日支払うことにした。
3. 栃木物流から、今月分の発送料￥30,000の請求書を受け取った。
4. 茨城商事に商品￥400,000を売り渡し、代金は普通預金口座に振り込まれた。

1	2	3	4

◆簿記における「預金」

簿記の世界で『預金』と呼ばれるものには、次の種類があり、全て『資産』になります。

> ・取引銀行と普通預金契約を交わして設けられる**「普通預金」**
> ・取引銀行と定期預金契約を交わして設けられる**「定期預金」**
> ・取引銀行と当座取引契約を交わして設けられる**「当座預金」**

◆普通預金とは

個人でも契約可能な預金のことで、預け入れている金額に対し、契約に基づいた利息が支払われます。金融機関やATM（自動料金預け払い機）などで、通帳やキャッシュカードを使った現金の出し入れが可能です。

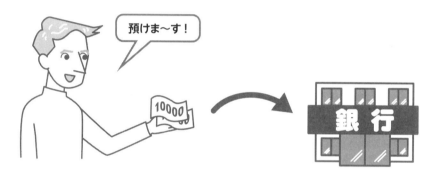

◆定期預金とは

普通預金と同様、個人でも契約が可能な預金です。普通預金よりも高い利率で利息が支払われますが、原則として契約で決まった一定期間、預金を引き出すことができません。

◆当座預金とは

基本的に会社と銀行の間で契約が可能な預金で、利息がつきません。通貨代用証券をやり取りするために使われます。「通貨代用証券≠当座預金」であるところがポイントで、例えば小切手は次のように処理します。

> ・（他人振出の）小切手で**受け取った** → 『現金』の増加
> ・（他人振出の）小切手で受け取り、ただちに**当座預金に預け入れた** → 『当座預金』の増加
> ・小切手を**振り出して支払った** → 『当座預金』の減少

まずはやってみよう！の例 ➡ 1と4に○

総合演習問題

答え ➡ 別冊P.3

次の取引の仕訳を記入しなさい。ただし、勘定科目は次の中から最も正しいものを選択すること。

現　金　普通預金　当座預金　定期預金　借入金　仕　入　売　上　受取利息

4/1　取引銀行と当座預金契約を締結し、現金¥500,000を預け入れた。

4/5　取引銀行と定期預金契約を締結し、普通預金より¥800,000を振り替えた。

4/8　定期預金¥250,000が満期を迎え、利息（『受取利息』を使用）¥20,000とともに普通預金口座に振り替えられた。

4/9　新潟商店より商品¥50,000を仕入れ、代金は小切手を振り出して支払った。

4/10　取引銀行より¥300,000を借り入れ（『借入金』を使用）、当座預金口座に振り込まれた。

4/12　富山物産へ商品¥450,000を売り渡し、代金のうち¥200,000は先方振出の小切手で受け取り、残額は普通預金口座に振り込まれた。

4/14　石川産業へ商品¥700,000を売り上げ、代金は先方振出の小切手で受け取り、ただちに当座預金に預け入れた。

4/20　福井商事より商品¥85,000を仕入れ、代金のうち¥50,000は小切手を振り出して支払い、残額は普通預金口座から振り込んで支払った。

	借　方	金　額	貸　方	金　額
4/1				
4/5				
4/8				
4/9				
4/10				
4/12				
4/14				
4/20				

商品売買

① 商品売買の記帳方法

まずはやってみよう！

問題 次の取引のなかで『仕入』『売上』を記録すると思われるものに○をつけてみましょう。

1. 仙台商店より商品￥500,000を仕入れ、代金は小切手を振り出して支払った。
2. 岩手商事より商品￥300,000の注文を受けた。
3. 山形産業へ商品￥250,000の予約注文をし、代金を普通預金から振り込んだ。
4. 秋田物産へ商品￥450,000を売り渡し、代金は普通預金口座に振り込まれた。

1	2	3	4

◆記帳方法のポイント

現在学習している全経3級商業簿記では、飲食物や日用品などを取引する『物品販売業』のお店を前提としています。

物品販売業では、お店が販売するための商品を購入した際は「仕入（費用）」を、商品を販売した際は「売上（収益）」を使用するのが一般的ですが、これは『三分法』という方法で取引を記帳した場合のやり方です。

3級商業簿記では、三分法のほかに『売上原価対立法』という方法での仕訳が出題されることがあります。また、3級商業簿記の一つ下の級に当たる基礎簿記会計では『分記法』という方法を学びます。

それぞれの記帳方法をまとめると、次の通りとなります。試験では方法を指定されますので、それに従って解答してください。

	三分法	売上原価対立法	分記法
商品購入時 （現金取引の場合）	仕入　／　現金	商品　／　現金	商品　／　現金
商品販売時 （現金取引の場合）	現金　／　売上	現金　／　売上 売上原価(費用)／商品	現金　／　商品 ／　商品販売益(収益)
決算時	仕入　／　繰越商品 繰越商品　／　仕入	仕訳なし	仕訳なし

演習問題

答え ➡ 別冊P.4

① 次の取引の仕訳を記入しなさい。ただし、勘定科目は次の中から最も正しいものを選択すること。また、商品の取引については「三分法」を用いて仕訳すること。

現　　金　　　　普通預金　　　　当座預金　　　　仕　　入　　　　売　　上

1. 山梨商店より商品￥70,000を購入し、代金は現金で支払った。
2. 1.の商品を埼玉物産に￥90,000で売却し、代金は普通預金に振り込まれた。
3. 神奈川商店から商品￥30,000を仕入れ、代金は小切手を振り出して支払った。
4. 3.の商品を東京商店へ￥60,000で販売し、代金は小切手で受け取り、直ちに当座預金に預け入れた。

	借　方	金　額	貸　方	金　額
1				
2				
3				
4				

② 上記1の取引を「売上原価対立法」で行った場合の仕訳を記入しなさい。ただし、勘定科目は次の中から最も正しいものを選択すること。

現　　金　　　　普通預金　　　　当座預金　　　　商　　品　　　　売上原価　　　　売　　上

	借　方	金　額	貸　方	金　額
1				
2				
3				
4				

まずはやってみよう！の例 ➡ 1と4に○

②〈 掛取引とは

「掛取引」とは、日本の商慣習の一つで「信用取引」として行われるものです。取引会社同士で決めた期日に、決まった期間の商品代金をあとでまとめて支払う（受け取る）取引方法です。

問題文に「代金は掛とした」「商品代金は月末（後日）に支払う（受け取る）ことにした」とある場合、掛取引を行っています。商品を購入（買った）ときには『買掛金（負債)』を、商品を売り渡したときには『売掛金（資産)』をとして記録します。

演 習 問 題

答え ➡ 別冊P.4

次の取引の仕訳を記入しなさい。ただし、勘定科目は次の中から最も正しいものを選択すること。また、商品の取引については「三分法」を用いて仕訳すること。

現 金　普通預金　当座預金　売 掛 金　買 掛 金　仕 入　売 上

1．香川商店より商品￥500,000を仕入れ、代金は掛とした。

2．徳島商店へ商品￥700,000を売り渡し、代金は掛とした。

3．高知商店より商品￥350,000を購入し、代金は後日支払うことにした。

4．愛媛商店へ商品￥935,000を売り上げ、代金は後日受け取ることとした。

5．1．の香川商店に対する掛代金￥500,000を普通預金口座から振り込んで支払った。

6．2．の徳島商店に対する掛代金￥700,000を同店振り出しの小切手で受け取った。

	借　方	金　額	貸　方	金　額
1				
2				
3				
4				
5				
6				

③ 仕入諸掛とは？

皆さんが、通信販売で何か買おうとしたときを思い返してください。商品代金のほかに「運送料」や作業手数料がかかっていることはないでしょうか？

こうした商品を購入した際に、商品代金以外にかかった費用（運送料や保険料など）のことを「仕入諸掛」といいます。仕入諸掛は個別の費用とせず、商品代金の一部と考えて『仕入』の勘定科目に含めます。

◆会社負担で商品を発送した場合は？

通常、商品の運送料や保険料は、商品を仕入れる側が払います。しかし、契約により商品を販売する側が運送料や保険料を払う場合があります。

この場合は『発送費（費用)』の勘定科目を使って処理をします。

演 習 問 題　　　　　　　　　答え➡別冊P.5

次の取引の仕訳を記入しなさい。ただし、勘定科目は次の中から最も正しいものを選択すること。また、商品の取引については「三分法」を用いて仕訳すること。

現 金　　当座預金　　売 掛 金　　買 掛 金　　仕 入　　発 送 費　　売 上

1．呉物産より商品￥50,000を仕入れ、引取運賃￥4,000と共に小切手を振り出して支払った。

2．三重商品より商品￥70,000を購入し、代金は掛とした。尚、保険料並びに運送料の合計￥6,000は現金で支払った。

3．岐阜産業へ商品￥80,000を売り渡し、代金は掛とした。尚、当方負担の発送費￥3,000は現金で支払った。

	借　　方	金　　額	貸　　方	金　　額
1				
2				
3				

④ 返品があるときは？

　取引先に売り渡した（仕入れた）商品のなかには、品違いや数量違い、または商品の破損・汚損などを理由に返品される（する）ことがあります。

　こうした返品をした（された）場合、**仕入や売上をしたときとは逆の仕訳**を行います。

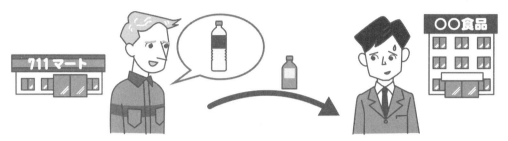

答え ➡ 別冊P.5

演習問題

　次の取引の仕訳を記入しなさい。ただし、勘定科目は次の中から最も正しいものを選択すること。また、商品の取引については「三分法」を用いて仕訳すること。

現　金　　売掛金　　買掛金　　売　上　　仕　入

1．過日、現金で仕入れていた商品のうち￥30,000が品違いであったため返品し、現金で受け取った。
2．掛で販売していた商品のうち￥70,000が品違いのため返品された。
3．掛で仕入れていた商品のうち、化粧箱の一部に破損があったため、￥5,000分を返品した。
4．掛で販売していた商品のうち、商品の一部に汚損が発見されたため、￥6,000分が返品された。

	借　方	金　額	貸　方	金　額
1				
2				
3				
4				

商品売買 総合演習問題

答え➡別冊P.5

次の取引の仕訳を記入しなさい。ただし、勘定科目は次の中から最も正しいものを選択すること。また、商品の取引については特に指示がない限り「三分法」を用いて仕訳すること。

現　金　　当座預金　　売掛金　　買掛金　　売　上　　仕　入

1. 和歌山商店より商品￥500,000を仕入れ、代金のうち￥300,000は現金で支払い残額は掛とした。

2. 和奈良商店へ商品￥700,000を販売し、代金のうち￥350,000は小切手で受け取り直ちに当座預金に預け入れ、残額は掛とした。

3. 和三重物産より商品￥300,000を購入し、代金は後日支払うことにした。

4. 大阪貿易へ商品￥400,000を売り渡し、代金は後日受け取ることにした。

5. 京都産業より掛仕入していた商品の中に品違いがあったため、￥10,000分を返品した。

6. 滋賀商事へ掛販売していた商品の中に品違いがあったため、￥20,000分が返品された。

7. 兵庫物流より掛仕入していた商品に軽微な汚損が見つかり、￥3,000分を返品した。

8. 福井商店へ掛販売していた商品の化粧箱に破損が見つかり、￥7,000分が返品された。

	借　方	金　額	貸　方	金　額
1				
2				
3				
4				
5				
6				
7				
8				

収益と費用

まずはやってみよう！

[問題] 次の取引のなかで『収益』（⇒P.12）が発生すると思われるものには○を、『費用』（⇒P.12）が発生すると思われるものには×をつけてみましょう。

1. 今月分の家賃¥120,000を現金で支払った。
2. 定期預金¥500,000が満期を迎え、利息¥2,000とともに普通預金口座に振り込まれた。
3. 商品¥350,000を仕入れ、代金は掛とした。
4. 商品¥400,000を売り上げ、代金は普通預金口座に振り込まれた。

1	2	3	4

◆収益とは

P.12で少し説明しましたが、収益とは「会社にお金が入ってくる原因（理由）」のことです。会社は収益を上げることを目指してビジネスを行っています。

これまで学習した内容では、『売上』が収益の代表格です。また、ほかに全経3級商業簿記で出題される収益には、次のようなものがあります。

勘定科目	説　明
受取利息	普通預金や定期預金に対して銀行から支払われる利息。
有価証券売却益	他社の株式などの売買で、売却額が購入額より大きい場合に発生。
雑益	（決算）決算で現金の過剰が発生したが、その原因が判明しないときに使用。
雑収入	少額の収入で、独立の勘定科目にするほど重要ではないもの。

※「○○益」「受取○○」という名前の勘定科目が該当

◆費用とは

費用とは、「会社からお金が出ていく原因（理由）」のことです。収益を上げることと同時に、会社は費用のカットを考えながらビジネスを行っています。

これまで学習した内容では、『仕入』が費用の代表格です。また、ほかに全経3級商業簿記で出題される費用には、次のようなものがあります。

勘定科目	説　明
給料	従業員に対して支払う、労働の対価。
広告費	広報・宣伝活動で発生した費用。
発送費	こちらが負担する契約で、送料を払った場合に発生した費用。
旅費	従業員が出張したときに発生した費用。
交通費	従業員の出張や通勤で発生した費用。
通信費	郵便切手代や電話代など、取引先と連絡をとるために発生した費用。

合わせて「旅費交通費」として計上することもある！

水道光熱費	電気代・ガス代・水道代。
消耗品費	コピー用紙や文房具など、使用するとなくなるものの購入費用。
修繕費	建物や備品などの修理をするためにかかった費用。
支払家賃	店舗を借りている場合に発生する費用。
支払地代	土地（駐車場を含む）を借りている場合に発生する費用。
保険料	建物や備品、車両運搬具などにかけた保険の支払いにかかった費用。
雑費	少額の支出で、独立の勘定科目にするほど重要ではないもの。
支払利息	金融機関から金銭を借りている場合などに支払う利息。
売上原価	売上原価対立法で商品売買を処理している場合の、売上に対して取引先に引き渡した商品の振替先。売上のもとになった商品の金額のこと。
貸倒引当金繰入	（決算）売上債権（売掛金）に対して設定した貸倒引当金の金額。
貸倒損失	売上債権のある取引先が倒産したとき、債権が回収不能となったら記録する費用。
減価償却費	（決算）経年劣化により、建物・備品・車両運搬具などの固定資産の価値を強制的に減少させるときに発生する費用。
交際費	取引先との会食や贈答品の購入に際し発生する費用。
支払手数料	銀行振込の振込手数料や商品の代引手数料などの費用。
租税公課	収入印紙税・固定資産税（租税）や、商工会費・同業者組合会費（公課）などを支払ったときの費用。
有価証券売却損	他社の株式などの売買で、売却額が購入額より小さい場合に発生。
雑損	（決算）決算で現金の不足が発生し、その原因がわからないときに使用。

※「○○費」「支払○○」という名前の勘定科目が該当

以上の勘定科目のいくつかについては、この後それぞれ学習します。また、説明に（決算）とある勘定科目は、第3章で詳しく説明します。

勘定科目を日本語以外に翻訳したものは
P.156〜158の対応表を見てね!

　次の取引の仕訳を記入しなさい。ただし、勘定科目は次の中から最も正しいものを選択すること。また、商品の取引については特に指示がない限り「三分法」を用いて仕訳すること。

現　　金	当座預金	普通預金	定期預金	売　掛　金
売　　上	受取利息	給　　料	広　告　費	発送費　旅　　費
交　通　費	通　信　費	租税公課	水道光熱費	消耗品費　修　繕　費
支払家賃	支払地代	保　険　料	雑　　　費	交　際　費　支払手数料

1．定期預金¥500,000が満期を迎え、利息¥5,000と共に普通預金口座に振り込まれた。

2．従業員に対して、今月分の給料¥300,000を現金で支払った。

3．雑誌広告の掲載料¥70,000を普通預金口座から振り込んで支払った。

4．商品¥450,000を売り渡し、代金は掛とした。尚、当方負担の発送料¥6,500は現金で支払った。

5．従業員の出張に際し、出張費¥60,000の報告を受け、現金で支払った。

6．従業員に対して、今月分の通勤手当¥25,000を普通預金から振り込んで支払った。

7．郵便局にて書類発送用として、郵便切手¥4,800分、レターパック¥5,200分、領収書貼付用として収入印紙¥5,000分を購入し、代金は現金で支払った。

8．今月分の電気代¥17,000を普通預金から振り込んで支払った。

9．コピー用紙¥7,000を購入し、代金は小切手を振り出して支払った。

10．事務用パソコンの修理を行い、部品代並びに工賃の合計¥50,000を普通預金から振り込んだ。

11．今月分の店舗の家賃¥100,000と、月極駐車場の賃料¥50,000を、小切手を振り出して支払った。

12．店舗に対する今月分の火災保険料¥30,000を現金で支払った。

13．今月分の新聞代¥5,000を現金で支払った。

14．島根銀行の普通預金口座から、鳥取銀行の定期預金口座に¥1,000,000を振り替えた。なお、振込手数料¥1,000については、島根銀行の普通預金口座から引き落とされた。

15．取引先との打ち合わせ後に行われた会食代¥30,000について、小切手を振り出して支払った。

	借　方	金　額	貸　方	金　額
1				
2				
3				
4				
5				
6				
7				
8				
9				
10				
11				
12				
13				
14				
15				

第2章 日常の取引

2-4 その他の債権・債務

① 借入金と貸付金

まずはやってみよう！

問題　次の取引のうち借入金を使用すると思われるものにはA、貸付金を使用すると思われるものにはBを記入してみましょう。

1. 高松商店より商品¥200,000を仕入れ、代金は翌月末に払うこととした。
2. 借用証書を作成し、松江銀行より¥500,000を借り入れ、普通預金口座に入金された。
3. 高知商店へ商品¥350,000を売り渡し、代金は翌月末に受け取ることとした。
4. 徳島商店より¥400,000の貸し付けに関する借用証書を受け取り、当座預金から振り込んで支払った。

1	2	3	4

◆借入金と貸付金の処理方法

借用証書を使用してお金の貸し借りを行ったときの勘定科目は、「借入金（負債）」「貸付金（資産）」を使います。

返済のときに利息を支払う（受け取る）場合と、貸し借りのとき先に利息を支払う（受け取る）場合の2つの処理方法がありますので、注意が必要です。

〈返済で利息を受け取る〉

〈貸付で利息を受け取る〉

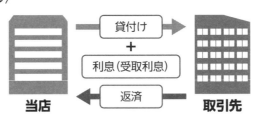

32

演習問題

答え➡別冊P.7

次の取引の仕訳を記入しなさい。ただし、勘定科目は次の中から最も正しいものを選択すること。

普通預金　　当座預金　　貸付金　　借入金　　受取利息　　支払利息

1. 福岡商店より¥500,000を借り入れ、借用証書を取り交わすとともに、普通預金口座に同額の入金を受けた。
2. 1の借入金につき、利息¥5,000とともに小切手を振り出して返済した。
3. 佐賀商事へ¥600,000を貸し付け、先方より借用証書を受け取るとともに、利息¥7,000を差し引いた金額を普通預金から振り込んだ。
4. 3の貸付金につき、佐賀商事より返済を受け、当座預金口座へ振り込まれた。

	借　方	金　額	貸　方	金　額
1				
2				
3				
4				

(2) **未収金と未払金**

まずはやってみよう！

問題 次の取引のうち、売掛金・買掛金を使用するものには○を、使用しないものには×を記入してみましょう。

1．大分商店より商品￥300,000を仕入れ、代金は後日支払うこととした。
2．熊本家具店より備品￥500,000を購入し、代金は1週間後に支払うこととした。
3．長崎商事に商品￥500,000を売り渡し、代金は翌月末に支払うこととした。
4．宮崎電子に事務用パソコンを￥50,000で売却し、代金は後日受け取ることとした。

1	2	3	4

◆未収金と未払金は商品売買以外で

「まずはやってみよう！」で答えが○だった取引は、**2-2** 商品売買（⇒P.22）ですでに学習した「売掛金」と「買掛金」を使って処理します。「商品売買」に関する後日支払いや後日受け取りは、全て「掛」取引とみなされるからです。

対して、商品売買以外の取引で、後日支払いや後日受け取りとした場合（答えが×だった取引）、「未収金（**未**だ回**収**していないお**金**。資産）」と「未払金（**未**だ**払**っていないお金。負債）」として処理します。

	代金の未収	代金の未払い
商品売買	売 掛 金	買 掛 金
商品以外の売買	未 収 金	未 払 金

演習問題

答え ➡ 別冊 P.7

次の取引の仕訳を記入しなさい。ただし、勘定科目は次の中から最も正しいものを選択すること。

現　金　　当座預金　　未収金　　備　品　　未払金　　雑収入

1. 鹿児島紙業に段ボール・新聞等の古紙 ¥5,000 を売却し、代金は月末に受け取ることにした。
2. 1の未収金について、鹿児島紙業より小切手で受け取った。
3. 沖縄電子より事務用パソコン ¥500,000（「備品」を使用します）を購入し、代金は来月末に支払うこととした。
4. 3の未払金について、支払期日となったため、小切手を振り出して支払った。

	借　方	金　額	貸　方	金　額
1				
2				
3				
4				

ちょっと一息

History of Bookkeeping（簿記の歴史）

『簿記』の歴史は古く、日本では、福沢諭吉（2024 年 1 月時点の 1 万円札の人物）が、アメリカの学校で使われていた簿記の教科書を翻訳し、1873 年頃に出版した『帳合之法』が、現在の複式簿記の始まりと言われています。

また、18 〜 19 世紀に活躍した文豪ゲーテは、ヴァイマル公国（現在のドイツ）で宰相を務めていた際、国民全員に簿記教育を推進し、公国に繁栄をもたらしたそうです。「複式簿記は人類が産んだ最大の発明のひとつである」という言葉を、彼は残しています。

そんな人類の叡智の結晶とも言うべき「簿記」の基礎を本書でしっかり学んでいただき、3 級商業簿記のライセンスを、ぜひ取得していただければと思います！

③ 前払金と前受金／支払手付金と受取手付金

まずはやってみよう！

問題 次の取引のうち、簿記上の取引に該当するもの（仕訳をする必要のあるもの）には○を、簿記上の取引に該当しないものには×を記入してみましょう。

1. 札幌商店へ商品¥500,000を発注するという連絡をし、同店より了承を得た。
2. 青森産業に商品¥600,000を注文し、内金として¥200,000の小切手を振り出して支払った。
3. 盛岡物産より商品¥350,000の注文をするという連絡を受け、それを承諾して注文請書を発行した。
4. 秋田商事から商品¥500,000を発注され、手付金として¥200,000が普通預金口座に振り込まれた。

1	2	3	4

◆事前の取引に使う4つの勘定科目

「まずはやってみよう！」で答えが○だった取引は、商品の代金を事前に支払う（受け取る）取引のため、現金や預金が増減しています。これは簿記上の取引なので仕訳が必要です。

そして、仕訳の際に使用するのが以下の4つの勘定科目です。

前払金（資産）	商品代金の一部を、内金（予約金）として支払った場合に使用。
前受金（負債）	商品代金の一部を、内金（予約金）として受け取った場合に使用。
支払手付金（資産）	商品代金の一部を、手付金として支払った場合に使用。
受取手付金（負債）	商品代金の一部を、手付金として受け取った場合に使用。

表の上2つと下2つの違いは、「内金（予約金）」か「手付金」かによります。

内金が代金の一部を先に支払っておく程度のことに対し、手付金は契約の一方が解約した場合、下の図のように解約した側に大きな不利益が生じます。このため、不動産取引などの

内金（予約金）のイメージ

先に払っておくので仕入れたらください！

在庫切れです…

〇〇食品

手付金のイメージ

買主

買主からの解約
手付金はもどらない

売主

売主からの解約
手付金と手付金額を支払う

高額な取引や契約を確実に履行させたい場合に取り交わします。

なお、検定の問題で「手付金として〜」とあっても、選択できる勘定科目に「支払手付金」「受取手付金」がなかった場合、「前払金」「前受金」で解答して構いません。

演習問題

答え ➡ 別冊P.7

次の取引の仕訳を記入しなさい。ただし、勘定科目は次の中から最も正しいものを選択すること。また、特に問題に指示がない限り、商品売買に関する取引は「三分法」を使用して処理すること。

| 現　　　金 | 普通預金 | 当座預金 | 売　掛　金 | 支払手付金 | 前　払　金 |
| 受取手付金 | 前　受　金 | 仕　　　入 | 売　　　上 |

1．仙台商品より商品¥250,000の注文を受け、内金として¥100,000を現金で受け取った。
2．山形物産へ商品¥500,000を発注し、手付金として¥200,000を普通預金口座から振り込んだ。
3．福島商事より商品¥300,000を発注され、手付金として¥70,000が当座預金口座に振り込まれた。
4．新潟産業に商品¥600,000を注文し、内金として¥250,000を、小切手を振り出して支払った。
5．2で発注した商品を購入し、代金の残額は小切手を振り出して支払った。
6．1で注文を受けた商品を発送し、代金の残額は掛とした。

	借　　方	金　　額	貸　　方	金　　額
1				
2				
3				
4				
5				
6				

④ 仮払金と仮受金

問題 次の取引のうち、簿記上の取引に該当するもの（仕訳をする必要のあるもの）には○を、簿記上の取引に該当しないものには×を記入してみましょう。

1. 従業員の出張に際し、その旅費の概算額￥80,000については、従業員が仮に支払うこととし、清算は従業員の帰社後に行うことを当該従業員から了承を得た。
2. 出張中の従業員より、取引先から商品￥500,000の発注を受けた旨、連絡が入った。
3. 従業員の出張に際し、その旅費の概算額￥50,000を現金で仮払いした。
4. 出張中の従業員より、普通預金口座に￥450,000の振り込みがあったが、その理由については不明である。

1	2	3	4

◆未確定の取引に使う2つの勘定科目

「まずはやってみよう！」で答えが○だった取引は、従業員に旅費を仮で支払ったり、従業員からよくわからない入金があったため、現金や預金が増減しています。これは簿記上の取引となり、仕訳が必要です。

そして、仕訳の際に使用するのが以下の2つの勘定科目です。

仮払金（資産）	従業員の出張旅費を仮払いしたときや、交通系ICカードへのチャージをしたときなどに使用。
仮受金（負債）	出張中の従業員や、取引先などから原因不明の送金があった場合などに使用。

仮払金のイメージ

とりあえず多めに渡しておくね！

711マート

仮受金のイメージ

振り込まれてる…なんだっけ、これ？

711マート

演習問題

答え ➡ 別冊P.8

次の取引の仕訳を記入しなさい。ただし、勘定科目は次の中から最も正しいものを選択すること。

現　　金　　普通預金　　売掛金　　仮払金　　仮受金　　旅費交通費

1. 営業部員の出張に際し、旅費の概算額￥100,000を現金で支払った。
2. 出張中の営業部員より、普通預金口座に￥500,000の入金があったが、その理由は不明である。
3. 出張中の営業部員より、先の不明の入金について取引先からの売掛金回収であると報告があった。
4. 出張中の営業部員が帰社し、出張旅費￥105,000との報告を受け、不足額を現金で支払った。

	借　　方	金　　額	貸　　方	金　　額
1				
2				
3				
4				

⑤ 立替金と預り金

問題 次の取引のうち、簿記上の取引に該当するもの（仕訳をする必要のあるもの）
には○を、簿記上の取引に該当しないものには×を記入してみましょう。

1. 消耗品の発注の際、従業員より私用での注文を受け付け、その代金¥20,000について立替払いし、次の給料を支払うときに天引きすることとした。
2. 富山商店より商品¥500,000を仕入れ、代金は掛とした。なお、先方負担の運送料¥3,000を現金で支払い、立替金として処理した。
3. 今月分の給料¥350,000の支給に際し、源泉所得税¥10,000、社会保険料¥20,000を差し引き、残額は普通預金口座から振り込んで支払った。

1	2	3

◆立替金と預り金

「まずはやってみよう！」で答えが○だった取引は、本来は従業員や取引先の支払うべきものを会社が立て替えて支払ったり、従業員の所得税や社会保険料を会社が預かって代わりに支払うため、現金や預金が増減しています。これは簿記上の取引となり、仕訳が必要です。
　そして、仕訳の際に使用するのが以下の2つの勘定科目です。

立替金（資産）	従業員や取引先に代わって何らかの金銭を立て替えて支払った際に使用。取引先の場合は「売掛金」に加えて処理することもある。
預り金（負債）	従業員の給料から、源泉所得税や社会保険料を天引きして預かった際に使用。「所得税預り金」「社会保険料預り金」という勘定科目として処理することもある。

演習問題

答え➡別冊P.8

次の取引の仕訳を記入しなさい。ただし、勘定科目は次の中から最も正しいものを選択すること。また、特に問題に指示がない限り、商品売買に関する取引は「三分法」を使用して処理すること。

現　金　　普通預金　　立替金　　買掛金　　所得税預り金　　社会保険料預り金
仕　入　　給　料　　消耗品費

1. 消耗品¥50,000の発注に際し、従業員より給料から天引きする条件で¥10,000の私用注文を受け付け、代金の合計は普通預金から振り込んで支払った。
2. 従業員に対し今月分の給料¥500,000の支給に際し、源泉所得税¥15,000、社会保険料¥30,000並びに1の立替金を差し引き、普通預金口座から振り込んで支払った。
3. 金沢商店より商品¥500,000を仕入れ、代金は掛とした。尚、先方負担の送料¥1,000を現金で支払い、立替金として処理した。
4. 福井商店に対する買掛金¥300,000の支払いにつき、3の立替金を差し引き、残額を普通預金口座から振り込んで支払った。

	借　方	金　額	貸　方	金　額
1				
2				
3				
4				

次の取引の仕訳を記入しなさい。ただし、勘定科目は次の中から最も正しいものを選択すること。また、商品の取引については特に指示がない限り「三分法」を用いて仕訳すること。

現　　金	普通預金	当座預金	売掛金	貸付金	未収金	前払金
支払手付金	仮払金	立替金	備　品	土　地	買掛金	借入金
未払金	前受金	受取手付金	仮受金	所得税預り金	社会保険料預り金	
売　　上	受取利息	仕　入	給　料	旅費交通費	支払利息	

1．東京銀行より¥1,000,000を借り入れ、借用証書を取り交わし、普通預金口座に入金された。

2．東京銀行より借り入れていた¥1,000,000を、利息¥5,000と共に返済し、普通預金口座から引き落とされた。

3．浦和商店へ¥2,000,000を現金で貸し付け、同店と借用証書を取り交わした。

4．浦和商店へ貸し付けていた¥2,000,000が、利息¥7,000と共に返済され、当座預金口座に入金された。

5．以前¥20,000,000で購入した土地を千葉商事に同額で売却し、代金は後日受け取ることにした。

6．5．で売却した土地の代金を回収し、千葉商事より普通預金口座に入金された。

7．横浜電機より事務用パソコン¥500,000を購入し、代金は月末に支払うこととした。

8．7．で購入した事務用パソコンの未払代金について、小切手を振り出して支払った。

9．前橋商事へ商品¥500,000を注文し、内金として¥50,000の小切手を振り出して支払った。

10．9．で注文した商品を仕入れ、内金を差し引いた残額は掛とした。

11．宇都宮産業より商品¥800,000の注文を受け、手付金として¥100,000が普通預金口座に入金された。

12．11．で注文を受けた商品を発送し、手付金を差し引いた残額は宇都宮産業振り出しの小切手で受け取った。

13．営業部員の出張に際し、旅費の概算額¥50,000を現金で支払った。

14．水戸商店より、普通預金口座に¥300,000の入金があったが、その詳細は不明である。

15．14．の不明入金について水戸商店より連絡があり、商品注文の内金であることが判明した。

16．13．の営業部員が帰社し清算を行い、出張旅費の不足額¥5,000を現金で支払った。

17．甲府産業より商品¥300,000を仕入れ、代金は掛とした。尚、先方負担の送料¥2,000を現金で支払い、立替金として処理した。

18．甲府産業より、17．の送料立替分を現金で受け取った。

19．従業員の今月分の給料¥500,000の支給に際し、源泉所得税¥40,000、社会保険料¥30,000を差し引き、普通預金口座から振り込んで支払った。

20．19．で預かった源泉所得税並びに社会保険料を現金で納付した。

	借　方	金　額	貸　方	金　額
1				
2				
3				
4				
5				
6				
7				
8				
9				
10				
11				
12				
13				
14				
15				
16				
17				
18				
19				
20				

第2章 日常の取引

まずはやってみよう！

問題　次の取引のうち、金額的に少額の取引に該当すると思われるものに○をつけてみましょう。

1. 札幌事務よりボールペンなどの筆記用具￥5,000を現金で購入した。
2. 青森産業より商品￥500,000を購入し、代金は掛とした。
3. 盛岡新聞社と朝夕刊の購読契約を取り交わし、購読料￥4,300を現金で支払った。
4. 仙台紙業よりコピー用紙￥6,000を購入し、代金は現金で支払った。

1	2	3	4

◆小口現金とは

　会社では郵便物の発送や文房具の購入などで、毎日のように「少額の経費（小口）」の支払いが発生しています。しかし、その支払いは非常に細かいため、従業員の負担を軽減する目的などから、小口の支払い専用の現金を、取引で使用する現金とは別に処理する場合があります。

　想像してみてください。仕事でコピー用紙が必要となって￥5,000を会社に請求したら、小切手で渡された…コピー用紙を売っているお店から「小切手では決済できない」と言われてしまったら、銀行で現金化しなければならず、とても面倒です。

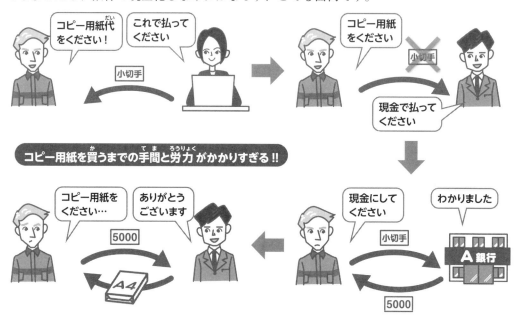

　そこで、会社の現金のなかから一定範囲内の支出を「小口現金」とします。そして、小口現金係を決めて管理させ、小口の支出はそこから支払うのです。小口現金係は定期的に小口現金から支出した金額を、会社に請求して補充して運用します。この処理方法のことを「定額資金前渡制（インプレスト・システム）」と呼びます。

❶ 一定の金額を小口現金係に前渡ししておく。

❷ 小口現金係はこれで支払いを行い、小口現金出納帳（ 4-1 （P.108））に記入。

❸ 定期的（1週間や1か月ごと）に小口現金係が報告を行う。

❹ 使った分だけ現金を補充する。

定額資金前渡制（インプレスト・システム）を採用した場合の仕訳は、次の流れになります。

1. 小口現金前渡時： 小口現金 ×××　　　 現金（当座預金 等） ×××
2. 係からの報告時： 通信費 ×××　　　 小口現金 ×××
　　　　　　　　　　 交通費 ×××
　　　　　　　　　　 消耗品費 ×××
　　　　　　　　　　 雑費 ×××
3. 小口現金補給時： 小口現金 ×××　　　 現金（当座預金 等） ×××

※2と3が同時に行われる（報告と同時に補給）場合もあり、その際は小口現金を使用しない！

演習問題

答え ➡ 別冊P.10

　次の取引の仕訳を記入しなさい。ただし、勘定科目は次の中から最も正しいものを選択すること。

現　　金　　小口現金　　当座預金　　通　信　費　　交　通　費　　消耗品費　　雑　　　費

1. 今月より、小口の支出に対して定額資金前渡制（インプレスト・システム）を採用することとなり、小口現金係に今月分の小口現金¥50,000を、小切手を振り出して支給した。
2. 月末になり、小口現金係より次の通り支出の報告を受け、報告額の合計を現金で支払った。

切手代¥5,000　　バス代¥6,000　　筆記用具代¥4,000　　新聞購読料¥3,500

	借　　方	金　　額	貸　　方	金　　額
1				
2				

まずはやってみよう！

問題 次の取引のうち、仮払消費税（商品やサービスを購入した際に支払った消費税）を仕訳で記録すると思われる取引には○、仮受消費税（商品やサービスを販売した際に受け取った消費税）を仕訳で記録すると思われる取引には×を、解答欄に記入してみましょう。

1. 秋田商店より、商品¥550,000（うち、消費税¥50,000）を購入し、代金は掛とした。
2. 山形商店より、商品¥300,000を仕入れ、消費税¥30,000とともに現金で支払った。
3. 福島商店へ、商品（本体代金¥600,000、消費税¥60,000）を売却し、代金は掛とした。
4. 水戸商店に対し、商品¥250,000を販売し、消費税¥25,000とともに、代金は掛とした。

1	2	3	4

◆仮払消費税と仮受消費税

　商品の本体価格（商品そのものの値段）が、原則¥100の100円ショップで買い物しているとします。皆さんがそこの商品を1つ買おうとすると、おそらく実際に支払う代金は¥110や¥108でしょう。

　この、商品の本体価格とは別に代金に含められる金銭は「消費税」という税金で、日本では消えてなくなるモノやサービスを購入した際に支払います（土地など購入してもなくならないものには、消費税はかかりません）。

　モノやサービスを購入した際に支払った、または販売した際に受け取った消費税を、簿記の仕訳で商品の本体価格と分けて処理する方法は「税抜き経理方式」と呼びます。仕訳のとき、消費税を支払った際は「仮払消費税」、受け取った際は「仮受消費税」の勘定科目を使います。

　つまり、税抜き経理方式の場合、消費税を支払う＝商品を購入＝仕入と仮払消費税はセットとなり、消費税を受け取る＝商品を販売＝売上と仮受消費税はセットということになります。

〈消費税のしくみ〉

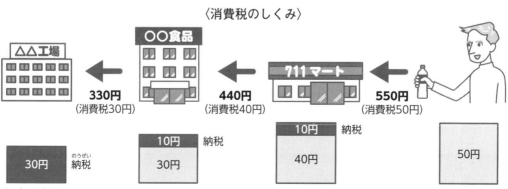

最後の消費者が支払った消費税の中に、ここまでの関係者たちが払った消費税が含まれている。

まずはやってみよう！の例 ➡ 1：○、2：○、3：×、4：×

演|習|問|題

答え➡別冊P.10

次の取引の仕訳を記入しなさい。ただし、勘定科目は次の中から最も正しいものを選択すること。また、商品に関する取引の記帳には三分法を使用し、消費税の会計処理については税抜き経理方式によること。

現　　金	当座預金	売　掛　金	仮払消費税
買　掛　金	仮受消費税	仕　　入	売　　上

1. 宇都宮商店より商品¥550,000（うち、消費税¥50,000）を仕入れ、代金は掛とした。
2. 前橋商店へ商品¥600,000を販売し、消費税¥60,000と共に、代金は後日支払うこととした。
3. さいたま商店から商品¥440,000（消費税額を含む）を購入し、代金のうち¥240,000は現金で支払い、残額は小切手を振り出して支払った。
4. 千葉商店に対し、商品（本体代金¥350,000、消費税額¥35,000）を売却し、代金のうち¥85,000は小切手で受け取り直ちに当座預金に預け入れ、残額は後日受け取ることにした。

	借　　方	金　　額	貸　　方	金　　額
1				
2				
3				
4				

ちょっと一息　『価格』と『価額』の違いとは？

簿記を学んでいると、「価格」と「価額」という言葉を目にします。
それぞれ、次のような意味があります。

価格　→　商品の値段　　価額　→　財産の値段

簿記では、商品の値段のことを「価格」、有価証券や備品・建物などの値段のことを「価額」という言葉で表現しています。
どちらも「値段」のことを指した言葉ですので、おぼえておきましょう!!

まずはやってみよう！

問題 次の取引のうち、資産運用（投資）に該当すると思われるものに○をつけてみましょう。

1. 新宿産業から商品￥500,000を購入し、代金は掛とした。
2. 証券会社から、横浜商事株式会社の株式￥50,000を10株購入し、代金は現金で支払った。
3. 新潟産業株式会社より商品￥300,000を仕入れ、代金は後日支払うこととした。
4. 富山証券より、日本国債￥1,000,000を、￥100につき￥95で購入し、代金は普通預金から振り込んで支払った。

1	2	3	4

◆有価証券とは

　有価証券とは、価値の有る紙（証券）のことです。簿記上では、株式会社が発行する株式や社債、国や地方公共団体が発行する国債・地方債を、資産運用（投資。「まずはやってみよう！」の○が答えだったもの）を目的として取引が行われた際に使う勘定科目です（法律上の有価証券には、小切手・各種商品券なども含まれます）。

　全経3級商業簿記では、有価証券を購入したときと、売却したときの仕訳についての知識が求められます。

有価証券の売買の仕組み

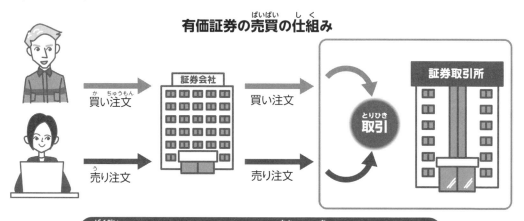

莫大な「買い注文」と「売り注文」の中から合うものを取引する

まずはやってみよう！の例 ➡ 2と4に○

◆有価証券を購入したとき

　株式や公社債（国債、地方債、社債をまとめて呼ぶときの名前）は通常、「証券会社」と呼ばれる有価証券の売買を専門にする会社に証券口座を作って取引を行います。

　証券会社の口座で有価証券を購入する際、証券会社から手数料が徴収されます。

　そのため購入者は、証券会社に支払った手数料分も有価証券に上乗せして処理します。

証券取引の例

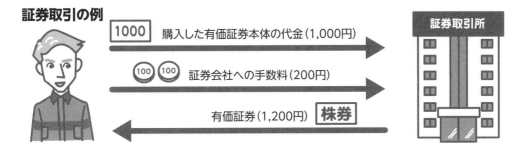

◆有価証券を売却したとき

　株式や公社債の市場価格が上がり、購入価額との差額で利益が発生する状態や、たとえ損をしてでも今の資金不足を解決したい場合には、有価証券を売却することがあります。

　その際、購入価額との差額で利益が発生した場合は『有価証券売却益』、損失が発生した場合は『有価証券売却損』の勘定科目で仕訳を記録します。

　なお、全経3級商業簿記ではあまり出題されませんが、売却した際に証券会社に手数料を支払った場合、受け取れる金額から手数料を引いて処理します。

　購入した際も売却した際も、『支払手数料』といった勘定科目を使わないところがポイントです。

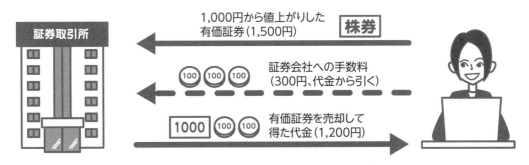

◆購入価額の計算方法

株　式　→　1株の値段　×　購入株式数　＋　手数料

公社債　→　額面　×　￥100に対する購入価額　÷　￥100　＋　手数料

　　　　　　or

　　　　　額面　×　（￥100に対する購入価額）％　＋　手数料

【計算例】

①1株￥500の株式を1,000株購入し、証券会社に￥10,000手数料を支払った場合…

有価証券の価額　→　￥500　×　1,000株　＋　￥10,000　＝　￥510,000

②①の株式全てを1株￥1,000で売却した場合…

売却価額　→　￥1,000　×　1,000株　＝　1,000,000
売却益　→　1,000,000　−　510,000　＝　490,000

③￥1,000,000の国債を、￥100につき￥95で購入し、証券会社に￥10,000手数料を支払った場合…

有価証券の価額　→　￥1,000,000　×　￥95　÷　￥100　＋　￥10,000　＝　￥960,000
　　　　　　　　　　　　　　or
　　　　　　　　　￥1,000,000　×　95%　＋　￥10,000　＝　￥960,000

④③の国債全てを、￥100につき￥98で売却した場合…

売却価額　→　￥1,000,000　×　￥98　÷　￥100　＝　￥980,000
　　　　　　　　　　or
　　　　　　　￥1,000,000　×　98%　＝　￥980,000
売却益　→　￥980,000　−　￥960,000　＝　￥20,000

⑤1株￥1,000の株を2,000株購入し、証券会社に￥30,000手数料を支払った場合…

有価証券の価額　→　￥1,000　×　2,000株　＋　￥30,000　＝　￥2,030,000

⑥⑤の株式全てを1株￥500で売却し、証券会社に￥10,000手数料を支払った場合…

売却価額　→　￥500　×　2,000株　−　10,000　＝　￥990,000
売却損　→　￥990,000　−　￥2,030,000　＝　￥1,040,000

演 習 問 題

答え➡別冊P.10

次の取引の仕訳を記入しなさい。ただし、勘定科目は次の中から最も正しいものを選択すること。

当座預金　　普通預金　　有価証券　　未収金　　未払金

有価証券売却損　　有価証券売却益

1．株式会社金沢商事の株式500株を、1株￥3,000で購入し、証券会社への手数料￥10,000とともに小切手を振り出して支払った。

2．1株￥5,000で1,000株購入していた福井産業株式会社の株式全てを、1株￥4,900で売却し、普通預金口座に振り込まれた。

3．甲府物産株式会社の株式￥600,000分を購入し、代金は後日支払うこととした。なお、証券会社への手数料￥5,000は普通預金口座から振り込んで支払った。

4．購入時、1株￥3,000、購入株式数500株、証券会社への手数料￥20,000を支払っていた長野物流株式会社の株式全てを、1株￥3,500で売却し、証券会社への手数料￥10,000を差し引かれ残額は、後日受け取ることとした。

5．岐阜証券より額面￥2,000,000の日本国債を￥100につき￥98で購入し、代金は普通預金から振り込んで支払った。

6．額面￥1,000,000の静岡商事株式会社社債について、￥100につき￥95で購入していたが、本日￥100につき￥93で売却し、代金は当座預金口座に振り込まれた。

	借　　方	金　　額	貸　　方	金　　額
1				
2				
3				
4				
5				
6				

問題 次の取引のうち、有形固定資産（購入したら1年以上使用することが前提の資産で、形のある資産のこと）を仕訳で記録すると思われる取引に○をつけてみましょう。

1. 名古屋電機より事務用パソコン¥500,000を購入し、代金は後日支払うこととした。
2. 津家具販売から商品陳列用の什器¥700,000を購入し、代金は小切手を振り出して支払った。
3. 大津機器より販売用パソコン¥700,000を購入し、代金は約束手形を振り出して支払った。
4. 京都自動車より営業用自動車¥1,500,000を購入し、代金は翌月末までに支払うこととした。

1	2	3	4

◆有形固定資産とは

「まずはやってみよう！」でも示した通り、有形固定資産とは、ビジネスなどで長い期間（1年以上）の使用を前提に購入された、形の有る資産のことです（形の無い資産＝無形固定資産もありますが、これは全経3級商業簿記よりも上の級で学習します）。

例えば、会社で「営業用」や「事務用」のパソコンや車、机や椅子、店舗などを購入した際は、有形固定資産として、以下の勘定科目で処理します。

購入した物品等	勘定科目
事務用のパソコン・椅子・机	備品
商品陳列用の什器や棚・レジスター等	備品
営業用の店舗や商品保管用の倉庫	建物
営業用の土地	土地
営業用の自動車や配送用トラック	車両運搬具

◆付随費用とは

有形固定資産を購入した際に、配送料や設置費用、建物なら不動産会社に支払う手数料や土地の整地費用など、有形固定資産を使えるようにするための費用が発生することがあります。この費用を「付随費用」といい、購入した有形固定資産の金額に加えます。

2-7（⇒P.48）で学んだ、有価証券を購入した際の手数料を、有価証券本体に加えて処理するのと同じです。

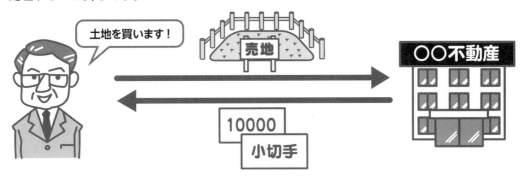

◆固定資産を売却したときの処理

買い替えなど、これまで使用していた有形固定資産を売却した際、売却した金額と有形固定資産の帳簿価額（会社の記録上の価額）との間に差額が発生することがよく起こります。

このとき、差額で利益が発生した場合は「固定資産売却益」、損失が発生した場合は「固定資産売却損」として仕訳で記録します。

¥ 売却価格 ＝ 300万円

−）🏗 帳簿価格 ＝ 500万円

───────────────

☹ 固定資産売却損 ＝ 200万円

演 習 問 題

次の取引の仕訳を記入しなさい。ただし、勘定科目は次の中から最も正しいものを選択すること。

現　　金　　　普 通 預 金　　　当 座 預 金　　　未 収 金　　備　品　　建　　物
土　　地　　車両運搬具　　未 払 金　　固定資産売却損　　固定資産売却益

1．大阪家具より事務用の机と椅子のセットを¥300,000で購入し、代金は後日支払うこととした。

2．神戸自動車より営業用自動車を¥2,000,000で購入し、代金は後日支払うこととした。なお、この自動車の整備費用や重量税等の合計¥300,000は現金で支払った。

3．奈良不動産より、営業用店舗¥5,000,000を購入し、内装費用¥300,000とともに小切手を振り出して支払った。

4．和歌山不動産より、営業用の土地¥10,000,000を購入し、代金は来月末までに支払うこととした。なお、整備費用¥500,000については、小切手を振り出して支払った。

5．期首に、帳簿価額¥500,000の配送用トラックを¥600,000で鳥取商店に売却し、代金は普通預金口座に振り込まれた。

6．当期首に、商品陳列用什器（帳簿価額¥300,000）を松江産業に¥150,000で売却し、代金は後日受け取ることとした。

	借　方	金　額	貸　方	金　額
1				
2				
3				
4				
5				
6				

2-9 株式会社の設立と資本金・繰越利益剰余金

まずはやってみよう！

問題 次の取引のうち、簿記上の取引に該当するもの（仕訳をする必要のあるもの）には○を、簿記上の取引に該当しないものには×を記入してみましょう。

1. 株式会社の設立に際し、司法書士に必要書類の相談を行った。
2. 店舗の営業開始準備に際し、役員が立て替えていた費用¥500,000を現金で支払った。
3. 株式会社の設立にあたり、株式100株を1株¥50,000で発行し、全株式の払い込みを受け、払込金額を当座預金に預け入れた。
4. 会社の営業開始にあたり、本社で使用するパソコン¥500,000を現金で購入した。

1	2	3	4

◆株式会社の設立

2-7 有価証券（⇒P.48）では、資産運用を目的として株を売買したときの処理を学びました。では、株を売る（発行する）会社では、どのような処理が行われているのでしょうか？

そもそも、会社が株を売る（発行する）のは、ビジネスに必要な資金を集めるためです。本項ではそうした株式発行のなかでも、会社を作るとき（＝会社設立）について学びます。

◆株式とは

株式は、株式会社における出資者（社員や株主）の地位を指すものです。会社はその証明として、購入した出資者に対して電子上で株券を発行します。

※ここでいう社員は、従業員という意味とは異なります。

出資者は、所有する株式数に応じた株主総会での議決権を持ち、会社の運営方針に対して意思表示ができます。

◆会社設立時に株式を発行した場合

株式を発行して会社を設立した際に払い込まれた金銭は、原則として全額を資本金とすると定められており、全経3級商業簿記では、この通りに会計処理を行います。

なお、これ以外の方法は全経2級商業簿記以降で学習します。

◆資本金と繰越利益剰余金

株式会社では、資本（会社の大本となるお金のことで、株主資本（純資産）とも呼ぶ）の内容によって、資本金と繰越利益剰余金の2つに分類することができます。

1. 資本金（法定資本）
株式の発行により集められた金銭の金額。

2. 繰越利益剰余金
前期までに獲得した利益のうち、株主への配当などで処分し切れなかった残り。

演習問題

答え ➡ 別冊P.11

次の取引の仕訳を記入しなさい。ただし、勘定科目は次の中から最も正しいものを選択すること。

当座預金　　普通預金　　資本金

1. 岡山商事株式会社は、会社設立に際し500株を1株¥50,000で発行し、全株式の払い込みを受け、払込金額を当座預金に預け入れた。尚、会社法規定の原則額を資本金とした。
2. 広島産業株式会社は、会社設立に際し、授権株式数10,000株のうち2,500株を1株¥20,000で発行し、払込金額は普通預金とすると共に、全額を資本金に組み入れた。

	借　方	金　額	貸　方	金　額
1				
2				

第 **3** 章

決算

この章では、会社の会計期間の最終日に行われる処理について学びます。
簿記の要とも言える項目ですので、しっかり学習しましょう！

3-1 試算表

問題 次の内容のうち、決算前に確認が必要と思われるものに○をつけてみましょう。
1. 1年間の仕訳が正確に行われていたか？
2. 1年間の総勘定元帳への転記が正確に行われていたか？
3. 店舗に並んでいる商品の在庫の状況
4. 現金の帳簿上の残高と実際の有高の状況

1	2	3	4

◆決算とは

決算とは、決算日（個人企業は12月31日、株式会社などの法人企業は約款で定めた会計期間の最終日）に行われる手続きのことです。この日までに、取引内容の調整や確認、各種帳簿に記帳する締切、そして貸借対照表や損益計算書など決算書類を作成します。

◆試算表とは

決算に向けて行われる作業に「試算表」の作成があります。

試算表には「合計試算表」「残高試算表」「合計残高試算表」の3種類がありますが、どの試算表も、「仕訳や転記、計算上のミスがないかを確かめるため」に使われます（「まずはやってみよう！」では1.と2.の確認が目的）。試算表は3種類とも、総勘定元帳の数値を転記して作成されます。

全経簿記能力検定では試算表の作成に関する問題が出題される可能性は低いものの、ほかの簿記や会計の検定では、これから紹介する3つの試算表を作成する問題は出題されています。覚えておくとよいでしょう。

◆合計試算表

合計試算表は、各勘定科目の借方・貸方の合計を試算表に転記し、貸借それぞれの合計を算出して、仕訳や転記、計算上のミスがないことを確認する試算表です。

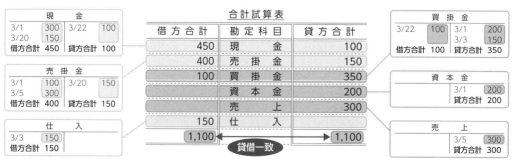

◆残高試算表

残高試算表は、各勘定科目の借方・貸方の残高(＝決算時点での金額)を試算表に転記し、貸借それぞれの合計を算出して、仕訳や転記、計算上のミスがないことを確認する試算表です。

借 方	勘定科目	貸 方
8,300	現　金	
	買 掛 金	1,600
	資 本 金	5,500
4,900	仕　入	
	売　上	6,100
13,200		13,200

残 高 試 算 表
××年12月31日

◆合計残高試算表

合計残高試算表は、合計試算表・残高試算表を1つにした試算表です。まずは各勘定科目の借方・貸方の合計を試算表に転記して貸借それぞれの合計を算出します。その後、各勘定科目の残高を合計の差額から算出・記入し、貸借それぞれの合計を算出して、仕訳や転記、計算上のミスがないことを確認します。

売掛金

前期繰越	300,000	普通預金	500,000
売上	800,000		
	1,100,000		500,000

合計残高試算表
×3年3月31日

借方		勘定科目	貸方	
残高	合計		合計	残高
50,000	50,000	現金		
350,000	2,550,000	普通預金	2,200,000	
300,000	900,000	当座預金	600,000	
600,000	1,100,000	売掛金	500,000	
200,000	200,000	繰越商品		
	200,000	買掛金	300,000	100,000
		資本金	1,000,000	1,000,000
		売上	2,000,000	2,000,000
1,600,000	1,600,000	仕入		
3,100,000	6,600,000	一致	6,600,000	3,100,000

一致

※本書は全経簿記能力検定のテキストであるため、演習問題としては、残高試算表を作成する簡単な問題のみ収録しています。

演習問題

次の各勘定科目の残高から、残高試算表を作成しなさい。

現金83,000　現金過不足（借方）14,000　当座預金1,600,000　売掛金862,000　有価証券516,000
繰越商品638,000　消耗品126,000　仮払金40,000　建物1,920,000　備品980,000　土地2,000,000
買掛金1,302,000　仮受金80,000　前受金26,000　貸倒引当金27,000　資本金6,600,000
売上7,678,000　受取地代672,000　仕入4,832,000　給料1,674,000　広告宣伝費504,000
保険料384,000　水道光熱費212,000

残高試算表

借方	勘定科目	貸方
	現金	
	現金過不足	
	当座預金	
	売掛金	
	有価証券	
	繰越商品	
	消耗品	
	仮払金	
	建物	
	備品	
	土地	
	買掛金	
	仮受金	
	前受金	
	貸倒引当金	
	資本金	
	売上	
	受取地代	
	仕入	
	給料	
	広告宣伝費	
	保険料	
	水道光熱費	

3-2 決算整理仕訳

① 決算の意義と現金過不足の処理

まずはやってみよう！

問題 次の取引のうち、決算日に仕訳を行う必要があると思われるものに○をつけなさい。

1．購入時に消耗品費として処理したコピー用紙¥5,000分が未使用である。
2．商品売上時に後日回収することとした掛代金¥50,000が未回収である。
3．現金の残高を調べたところ、帳簿上の記録より¥1,000少なかったが原因は不明である。
4．支払家賃のうち、¥50,000は翌月分のものである。

1	2	3	4

◆決算整理仕訳とは

会社（企業）には、資本金を出してくれた株主やビジネスの方針を決める経営者がいます。彼らは利害関係者（「ステークホルダー」とも呼ぶ）として、これからも会社に出資すべきか、ビジネスをどうしていくかを決めるため、正しい経営成績・財政状況を知る必要があります。そこで企業は、勘定記録の整理をし、各勘定を正しい金額に修正する作業が求められます。この作業のことを「決算整理」といい、決算整理のために行われる仕訳のことを「決算整理仕訳」といいます。

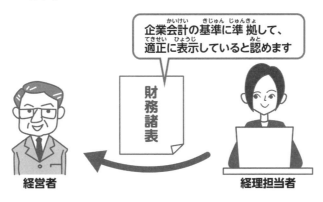

企業会計の基準に準拠して、適正に表示していると認めます

財務諸表

経営者　　　　経理担当者

決算を含め、企業では例えば毎月1日などと決めたルールにしたがって、金庫などに保管している現金残高を定期的に確認します。その際、帳簿残高と実際有高に差額が生じたら、帳簿残高を実際有高に合わせるように修正し、その原因を調査します。

このときに出てきた差額のことを『現金過不足』と呼びます。

決算以外の日に現金過不足が発生した際は、「現金」の残高を調整するとともに勘定科目の相手として「現金過不足」で処理し、決算日までにその原因を調査します。調査して原因がわかれば、その原因を現金過不足の勘定科目の相手にして処理します。

しかし、調査しても決算日までに原因がわからなかったり、決算日に現金過不足が新たに判明して調査できなかったりした場合は、現金過不足のままにせず、現金が不足していた場合は「雑損」、現金が過剰だった場合は「雑益」として処理します。処理の仕方は、現金過不足として事前に処理していた場合と同様です。

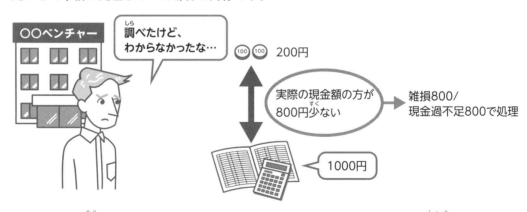

決算では「仮でこうしておいた」や「なぜだかわからないが、とりあえず処理しておいた」は通用しません。

現金過不足により発生する「雑損」「雑益」も、いわゆる「使途不明金」であるため、この金額がほかの費用よりも圧倒的に多くなることは許されず、徹底した調査を行うことになります。

企業の経理担当者が、領収書などの証ひょうに基づいた正しい経理処理を心がける必要があるのは、このためです。

$\boxed{演 \mid 習 \mid 問 \mid 題}$　　　　答え ➡ 別冊P.13

　次の取引の仕訳を記入しなさい。ただし、勘定科目は次の中から最も正しいものを選択すること。

現　金　　　現金過不足　　　雑　益　　　通信費　　　雑　損

1．月末に際し現金の帳簿残高と実際有高を調査したところ、¥5,000実際有高に不足があることが判明したため、現金過不足として処理することとした。
2．1の現金過不足について調査をした結果、通信費¥4,000の記帳漏れが判明し、残額については決算まで調査を続けることとした。
3．決算となったが、2の現金過不足の残額について、その理由が判明しなかったため、雑損として処理することとした。
4．決算に際し、現金の帳簿残高と実際有高を調査したところ、実際有高が¥3,000過剰であることが判明し調査を行ったが、原因について判明しなかったため、雑益として処理することとした。

	借　方	金　額	貸　方	金　額
1				
2				
3				
4				

②〉繰越商品の処理と売上原価の算定

◆繰越商品とは

「繰越商品」とは、商品の記帳方法を三分法（⇒P.22）で処理していた場合に使われる勘定科目です。前期末の決算時点で残る商品の在庫＝当期首の商品の在庫＝期首商品棚卸高のことを指します。

全経3級商業簿記では、期首商品棚卸高が精算表（**3-3** ⇒P.76）の残高試算表欄に表示されることが多いです。この繰越商品は、今年の売上の原価となっているはずなので、売上原価を表す「仕入」に加算します（売上原価については **3-4**（⇒P.89）で、再度詳しく説明します）。

一方、決算時点（当期末）に残っていた商品の在庫は、今年の売上原価とならないために仕入から減算し、来年の売上原価とするために「繰越商品」へ加算します。

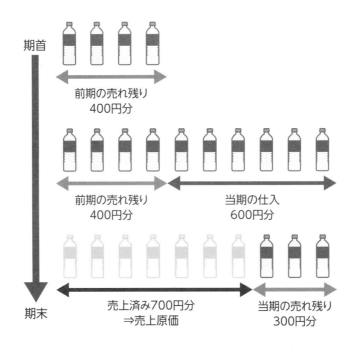

この処理を仕訳の例で示すと、以下の通りとなります。

例：精算表の残高試算表欄の繰越商品（期首商品棚卸高）残高が、借方に¥500,000、期末商品棚卸高が¥750,000だった場合の決算整理仕訳は…

仕入	500,000	繰越商品	500,000	←	期首商品棚卸高
繰越商品	750,000	仕入	750,000	←	期末商品棚卸高

答え ➡ 別冊P.13

演習問題

次の取引の仕訳を記入しなさい。ただし、勘定科目は次の中から最も正しいものを選択すること。

仕　入　　　繰越商品

1. 山口商店は、決算に際し、期末商品棚卸高¥700,000を計上した。尚、精算表の残高試算表欄の借方に、繰越商品残高が¥290,000ある。

2. 徳島商店は、決算に際し、繰越商品に関する必要な仕訳を行った。尚、期末商品棚卸高は¥400,000、期首商品棚卸高は¥600,000である。

	借　　方	金　　額	貸　　方	金　　額
1				
2				

③ 貸倒引当金の設定と貸倒の処理

◆貸倒引当金とは

2-3 収益と費用（⇒P.28）で、「貸倒損失」に触れました。

貸倒損失とは、商品売買によって**貸**していたお金（売掛金）が、取引先の**倒産**によって回収不能となり、**損失**が発生した際に使用する費用の勘定科目です。しかし、この費用はいつ発生するかわかりません。場合によってはこの費用が突然発生してしまったことで、今年は利益がない…といった状況になりかねません。

この問題を少しでも解決するために考えられたのが、「貸倒引当金」という制度です。

第3章 決算

◆貸倒引当金の設定と差額補充法

　貸倒引当金は、決算において貸倒実績率を用いて、売上債権（売掛金のこと）の残高を元に計算します。

　全経3級商業簿記では、次の「差額補充法」という形で決算整理仕訳の一つとして登場します。

　　例：売掛金の期末残高（¥500,000）に対し、3%の貸倒引当金を、差額補充法により設定する。なお、残高試算表には、貸倒引当金の残高として、貸方に¥1,000あるものとする。

　この例の場合、¥500,000 × 3% ＝ ¥15,000が、貸倒引当金の期末残高です。貸倒引当金に加算する金額は、¥15,000 − ¥1,000 ＝ ¥14,000（貸倒引当金としたい¥15,000から、残っていた¥1,000を差し引き、その**差額を補充**している）となります。これを仕訳すると…

　　　　　　　貸倒引当金繰入　14,000　　　貸倒引当金　14,000

となります。

　「貸倒引当金繰入」は、将来の貸倒損失に備え、貸倒引当金を設定したことにより、強制的に「費用として計上した」と考える勘定科目です。

　また、「貸倒引当金」は、売上債権の一部の価値を強制的に減少させるため、「資産をマイナスする」勘定科目として、必ず貸方となります。

　全経3級商業簿記では、第5問の「精算表（⇒P.76）」で登場することが多く、貸借対照表の「貸方」に残高がある勘定科目として処理されます。

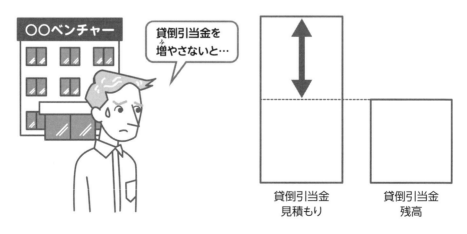

◆貸倒引当金を使用するタイミング

　決算整理仕訳から少し離れてしまいますが、決算で設定した「貸倒引当金」は、どのタイミングで使われるのでしょうか？

　それは売上債権が貸し倒れとなったとき、ズバリ言って取引先が倒産し、売掛金の回収が不能となったときです。

　ただし、貸倒引当金は「前期以前の売上債権の貸し倒れ」にのみ、使用することができます。それは貸倒引当金の設定が決算においてのみ行われ、その計算の対象になったのが、前期より前の売掛金であるためです。

　たとえ貸倒引当金に残高があったとしても、「**当期**の売掛金」の貸し倒れに、貸倒引当金は使用できないことを覚えておいてください。

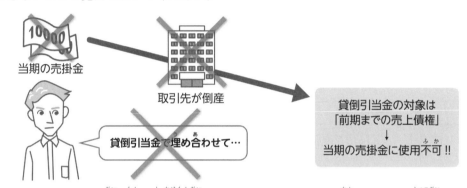

　全経3級商業簿記では、第1問の仕訳問題で、貸倒引当金の使用に関する問題が出題されます。

　例：得意先の高松商店が倒産し、同店に対する前期の売掛金￥300,000が貸し倒れとなった。なお、貸倒引当金の残高が￥200,000ある。

　　　　　貸倒引当金　200,000　　売掛金　300,000
　　　　　貸倒損失　　100,000

　この場合、本来は貸倒損失が300,000円発生するところを、前期末に200,000円を貸倒引当金に設定していたことで、貸倒損失を100,000円に抑えることに成功しています。

　一方で、「前期」のところが「当期」とあった場合は、次のようになります。

　　　　　貸倒損失　300,000　　売掛金　300,000

　当期で貸し倒れになった売掛金は、貸倒引当金の対象ではないため、全額が「貸倒損失」となるのです。このように、仕訳問題で出題された場合は、前期なのか**当期**なのかをよく確認してください。

演習問題

次の取引の仕訳を記入しなさい。ただし、勘定科目は次の中から最も正しいものを選択すること。

売 掛 金　　　貸倒引当金　　　貸倒損失　　　貸倒引当金繰入

1. 高知商店は、決算に際し売掛金¥500,000に対し2％の貸倒引当金を設定した。尚、決算時点の貸倒引当金に残高はない。
2. 福岡産業は、決算に際し、売掛金¥700,000に対して3％の貸倒引当金を差額補充法により設定した。なお、残高試算表の貸倒引当金は、¥10,000の貸方残高である。
3. 得意先の佐賀商会が倒産し、同店に対する前期発生の売掛金¥200,000を貸倒処理した。なお、貸倒引当金の残高が¥150,000ある。
4. 得意先の長崎商店が倒産し、同店に対する当期発生の売掛金¥300,000を貸倒処理した。なお、貸倒引当金の残高が¥500,000ある。

	借　　方	金　　額	貸　　方	金　　額
1				
2				
3				
4				

④ 固定資産の減価償却

　全経3級商業簿記で登場する「備品」「建物」といった固定資産は、経年劣化（時間がたち、古びて汚れたり、もろくなったりすること）により、その価値が年々減少していきます。

　しかし、そのことを簿記上で何も処理しなければ、売却したり廃棄したりするときに資産の価額を購入時のまま扱うことになり、本当の価値に対して多大な損失を計上することとなります。そこで、決算時の1年に1回、固定資産の経年劣化を簿記上に反映させます。これを「減価償却」といいます。

　減価償却は「固定資産の**価値を減**らし、**償却**した」ことを意味します。「償却」は難しい言葉ですが、資産の失われた価値を「費用として計上する」ことと考えてください。

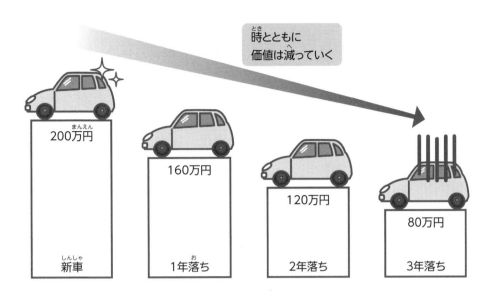

時とともに
価値は減っていく

200万円
新車

160万円
1年落ち

120万円
2年落ち

80万円
3年落ち

◆減価償却の方法

　減価償却の具体的な方法として、簿記では会社形態や固定資産の種類により、さまざまな処理方法が認められています。ただ、全経3級商業簿記では「定額法」によって計算し、「直接法」により記帳する方法を覚えておけば大丈夫です。

◆定額法の計算

　定額法とは、毎年定額（同じ金額）を減価償却する方法です。

　定額法を使うときに資料として登場するのが、次のデータです。

・取得原価　→　固定資産を購入した際に支払った金額の合計（本体代金＋付随費用）。

・耐用年数　→　その固定資産が一般的に使用可能とされる年数で、国税庁が設定。

・残存価額　→　耐用年数の終了時に、固定資産に残る価額のこと。平成19年（2007年）4月1日より前に取得し、残存価額が設定された固定資産（現在は建物のみ）について適用される。

　これらのデータをもとに、減価償却の金額を以下の計算式で出します。

　残存価額がゼロ　→　取得原価　÷　耐用年数

　残存価額が取得原価の10%　→　（取得原価　−　取得原価の10%）　÷　耐用年数
　　　　　　　　　　　　　　　or　取得原価　×　90%（0.9）　÷　耐用年数

※残存価額は、ゼロか10%のいずれかです。

↑取得原価の10%をマイナスする
＝取得原価の90%が残るという発想。
下のほうが電卓で計算しやすい！

◆直接法での記帳

直接法とは、減価償却を計上する際、固定資産の価値を**直接**減少させる方法のことを指します。

例：決算に際し、当期首に取得した車両¥500,000について、減価償却を行う。
なお、残存価額はゼロ、耐用年数は5年である。

減価償却費の計算：取得価額¥500,000÷耐用年数5年＝¥100,000

減価償却費　100,000　　備品　100,000

減価償却を行った際は「減価償却費」の勘定科目で計上し、減価償却の対象となった固定資産の価値を減らします。

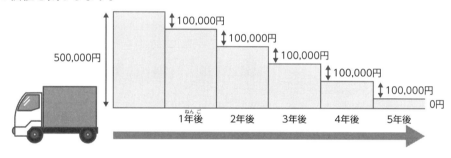

演習問題

答え ➡ 別冊P.13

次の取引の仕訳を記入しなさい。ただし、勘定科目は次の中から最も正しいものを選択すること。

　　　　備　品　　建　物　　車両運搬具　　減価償却費

1. 決算に際し、当期首に購入した備品について直接法により減価償却を行う。なお、取得原価は¥500,000、耐用年数5年、残存価額はゼロであり、計算は定額法により行う。

2. 決算に際し、店舗用建物について定額法により計算し、直接法により減価償却を行う。取得原価は¥15,000,000、帳簿価額は¥10,500,000、耐用年数30年、残存価額は取得原価の10%である。

3. 決算に際し、以下の固定資産について減価償却を行う。尚、定額法で計算し、直接法により記帳すること。

　車両運搬具　取得原価¥2,000,000　帳簿価額¥1,200,000　残存価額ゼロ　耐用年数5年
　備　　品　　取得原価¥600,000　帳簿価額¥400,000　残存価額ゼロ　耐用年数3年

	借 方	金 額	貸 方	金 額
1				
2				
3				

⑤ 営業費用の繰延と見越

◆不動産賃貸で欠かせない繰延と見越

　商品売買するお店をひらくとき、自社で建物や土地を所有していない場合は、店舗（物件）を借りることになります。

　住むためのマンションやアパートも同様ですが、建物や土地などを借りる際、不動産屋に「前家賃」を支払うことが多くあります。前家賃とは、借りて使う前から将来の家賃を支払っておくしくみです。

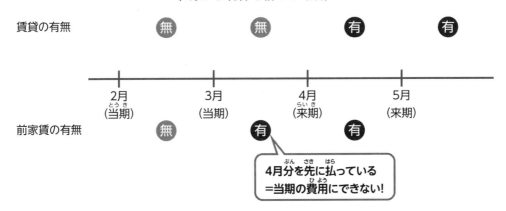

〈4月から物件を借りる場合〉

4月分を先に払っている
＝当期の費用にできない！

　このため、決算の月（例えば3月）に支払った家賃は、当期ではなく来期（4月以降の分）となり、今年の成績（費用）として計上するのはおかしくなります。

　そこで登場するのが、営業費用の「繰延」と「見越」という処理です。

◆営業費用の繰延

　「繰延」とは、先に支払っている（前払いしている）費用を、来年に繰り越す（持ち越す）ことをいいます。先に例としてあげた前家賃は、これに該当します。

　繰延にしたい費用がある場合、仕訳は次のように行います。

例：決算に際し、家賃の前払高￥50,000を計上した。

前払費用　50,000　　支払家賃　50,000

このときの勘定科目は前払費用のほか、費用の具体的な名前を使って「前払○○（例なら『前払家賃』）」として処理することもあります。この仕訳を行うことで、費用を今年から減らし、来年に増やした状態にすることが可能です。

◆消耗品の未使用分の繰延

繰延が使えるのは家賃だけではありません。文房具やコピー用紙など、使うとなくなるもの（消耗品）を購入した際に使用する「消耗品費（費用）」も、決算時点で未使用だった分は「消耗品（資産）」に振り替えて、次期に繰り延べられます。

例：決算に際し、消耗品の未使用高￥7,000を計上した。

消耗品　7,000　　消耗品費　7,000

この処理を行うことで、未使用分については当期の費用から減らし、消耗品として次期に繰り越すことが可能になります。

◆営業費用の見越

「見越」とは、まだ支払っていない（未払である）費用について今年の費用として計上し、来年度はマイナスの状態でスタートさせる（繰り越す）ことをいいます。
　私たちが労働の対価として得る月払いの「給料」が、代表的な見越です。例えば、その月の勤務状況に応じた給料が「来月の15日に支払う」と決められている場合、それは見越で処理されています。このようにして決算の際、今年分の費用で未払のものがあれば、次のような仕訳を行います。

例：決算に際し、給料の未払高¥150,000を計上した。

給料150,000　　未払費用150,000

このときの勘定科目は未払費用のほか、費用の具体的な名前を使って「未払○○（例なら『未払給料』）」として処理することもあります。この仕訳を行うことで、費用を今年に増やし、来年に減らした状態にすることが可能です。

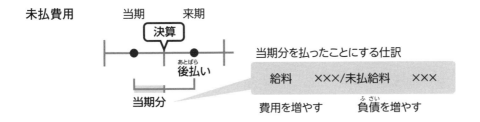

未払費用

当期分を払ったことにする仕訳

給料　×××／未払給料　×××

費用を増やす　　負債を増やす

演習問題

答え➡別冊P.14

次の取引の仕訳を記入しなさい。ただし、勘定科目は次の中から最も正しいものを選択すること。

消耗品　前払家賃　前払地代　未払給料　未払通信費
給　料　支払家賃　支払地代　消耗品費　通信費

1．決算に際し、給料の未払高¥70,000を計上した。
2．決算に際し、家賃の前払高¥50,000を計上した。
3．決算に際し、消耗品の未使用高¥7,000を計上した。
4．決算に際し、通信費の未払高¥30,000を計上した。
5．決算に際し、地代の前払高¥25,000を計上した。

	借　方	金　額	貸　方	金　額
1				
2				
3				
4				
5				

次の取引の仕訳を記入しなさい。ただし、勘定科目は次の中から最も正しいものを選択すること。

現　　金　　現金過不足　　売　掛　金　　貸倒引当金　　繰越商品　　備　　品　　消耗品
前払家賃　　未払給料　　受取手数料　　雑　　益　　仕　　入　　給　　料　　支払家賃
　　　　消耗品費　　貸倒損失　　貸倒引当金繰入　　減価償却費

1．月末に際し、現金の調査を行ったところ、帳簿残高¥150,000に対し、実際有高は¥140,000であったため、現金過不足として処理し、差額について調査することとした。

2．決算に際し、現金の調査を行ったところ、帳簿残高¥220,000に対し、実際有高は¥230,000であったため調査を行ったところ、¥7,000は手数料の受け取りに関して未記帳であることが判明したが、残額については不明につき、雑益として処理することとした。

3．決算に際し、期末商品棚卸高¥50,000を計上した。なお、残高試算表の繰越商品は、¥35,000の借方残高である。

4．決算に際し、売掛金残高¥500,000に対して3％の貸倒を差額補充法により見積もった。なお、貸倒引当金の残高が¥3,000ある。

5．得意先熊本商店が倒産し、前期に発生した売掛金¥300,000が回収不能となった。なお、貸倒引当金の残高が¥250,000ある。

6．得意先大分商店が倒産し、当期に発生した売掛金¥500,000が回収不能となった。なお、貸倒引当金の残高が¥600,000ある。

7．決算に際し、当期首に購入した備品（取得原価¥1,200,000　残存価額ゼロ　耐用年数4年）について、直接法により減価償却を行った。なお、金額の計算は定額法による。

8．決算に際し、消耗品の未使用高¥9,500を計上した。なお、購入時は消耗品費を使用している。

9．決算に際し、給料の未払高¥190,000を計上した。

10．決算に際し、家賃の前払高¥75,000を計上した。

	借　　方	金　　額	貸　　方	金　　額
1				
2				
3				
4				
5				
6				
7				
8				
9				
10				

3-3 精算表（せいさんひょう）

◆精算表とは

精算表とは、残高試算表作成後、その数値に **3-2** 決算整理仕訳（⇒P.61）で学んだ仕訳を加減算した結果に誤りがないか、財務諸表である貸借対照表と損益計算書を作成する前に確認するチェックシートです。

全経3級商業簿記では、「8桁精算表」と呼ばれる精算表がよく出題されます。8桁精算表は、左から順に「残高試算表」「修正記入」「損益計算書」「貸借対照表」のそれぞれの借方・貸方の金額を記入する構造となっていて、残高試算表欄には決算整理前の各勘定科目の残高が記入されています。

それでは、精算表の作成について、次の例題を部分的に抜粋したものを見ながら学んでいきましょう。

例題 次の決算整理事項にもとづいて、精算表を作成しなさい。

〈決算整理事項〉
1．期末商品棚卸高　￥500,000
2．売掛金の期末残高に対して、3％の貸倒を差額補充法により見積もった。
3．備品については期首に購入したものであり、残存価額ゼロ、耐用年数5年、定額法で計算し、直接法により減価償却を行う。
4．家賃の前払代　￥400,000

作成手順1 決算整理事項の仕訳について修正記入欄に数字を記入し、借方と貸方のそれぞれの合計を算出。

〈仕訳〉
1．仕入 450,000　　繰越商品 450,000
　　繰越商品 500,000　　仕入 500,000
2．貸倒引当金繰入 10,000　　貸倒引当金 10,000　←　600,000 × 3％ − 8,000
3．減価償却費 200,000　　備品 200,000　←　1,000,000 ÷ 5年
4．前払家賃 400,000　　支払家賃 400,000

精 算 表（一部抜粋）

勘定科目	残 高 試 算 表		修 正 記 入		損 益 計 算 書		貸 借 対 照 表	
	借 方	貸 方	借 方	貸 方	借 方	貸 方	借 方	貸 方
売 掛 金	600,000							
貸 倒 引 当 金		8,000		10,000				
繰 越 商 品	450,000		500,000	450,000				
備 品	1,000,000			200,000				
仕 入	2,380,000		450,000	500,000				
支 払 家 賃	1,800,000			400,000				
	10,683,250	10,683,250						
貸倒引当金繰入			10,000					
減 価 償 却 費			200,000					
前 払 家 賃			400,000					
当 期 純 利 益								
			1,560,000	1,560,000				

電卓で列の金額をすべて足し、合計をそれぞれの最後の欄に記入。

第3章 決算

作成手順2 資産・負債・純資産の勘定科目を貸借対照表に、収益と費用の勘定科目を損益計算書に加算・減算して記入。残高試算表の借方残高の勘定科目については、修正記入欄の借方が＋、貸方は−で計算。残高試算表の貸方残高の勘定科目については、修正記入欄の借方が−、貸方は＋で計算。修正記入欄に記入のない勘定科目や、修正記入欄にしか記入のない勘定科目の数字は、そのまま転記。

精算表（一部抜粋）

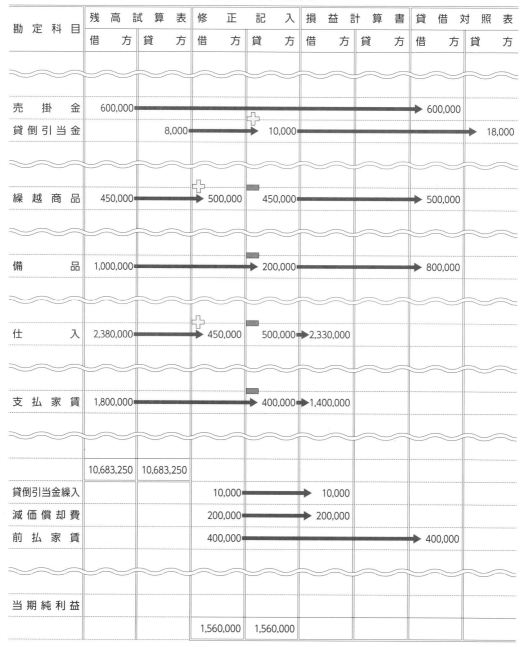

勘定科目	残高試算表 借方	残高試算表 貸方	修正記入 借方	修正記入 貸方	損益計算書 借方	損益計算書 貸方	貸借対照表 借方	貸借対照表 貸方
売 掛 金	600,000						600,000	
貸倒引当金		8,000		10,000				18,000
繰 越 商 品	450,000		500,000	450,000			500,000	
備 品	1,000,000			200,000			800,000	
仕 入	2,380,000		450,000	500,000	2,330,000			
支 払 家 賃	1,800,000			400,000	1,400,000			
	10,683,250	10,683,250						
貸倒引当金繰入			10,000		10,000			
減 価 償 却 費			200,000		200,000			
前 払 家 賃			400,000				400,000	
当 期 純 利 益								
			1,560,000	1,560,000				

78

作成手順3　損益計算書と貸借対照表について、借方と貸方のそれぞれの合計を算出。合計
記入欄の欄外に記入し、差額を算出。

精 算 表 (一部抜粋)

勘 定 科 目	残 高 試 算 表 借 方	残 高 試 算 表 貸 方	修 正 記 入 借 方	修 正 記 入 貸 方	損 益 計 算 書 借 方	損 益 計 算 書 貸 方	貸 借 対 照 表 借 方	貸 借 対 照 表 貸 方
売 掛 金	600,000						600,000	
貸 倒 引 当 金		8,000		10,000				18,000
繰 越 商 品	450,000		500,000	450,000			500,000	
備 品	1,000,000			200,000			800,000	
仕 入	2,380,000		450,000	500,000	2,330,000			
支 払 家 賃	1,800,000			400,000	1,400,000			
	10,683,250	10,683,250						
貸倒引当金繰入			10,000		10,000			
減 価 償 却 費			200,000		200,000			
前 払 家 賃			400,000				400,000	
当 期 純 利 益								
			1,560,000	1,560,000				

それぞれの合計を記入→　5,700,000　5,850,000　3,200,000　3,050,000

それぞれで差額を出し、一致することを確認→　　150,000　　　　　　　　150,000

欄外に記入した、損益計算書と貸借対照表のそれぞれ合計について、大きい方の金額を借方と貸方双方に記入し、差額を「当期純利益」ないし「当期純損失」欄に記入する。

精 算 表 (一部抜粋)

勘 定 科 目	残 高 試 算 表 借 方	残 高 試 算 表 貸 方	修 正 記 入 借 方	修 正 記 入 貸 方	損 益 計 算 書 借 方	損 益 計 算 書 貸 方	貸 借 対 照 表 借 方	貸 借 対 照 表 貸 方
売 掛 金	600,000						600,000	
貸 倒 引 当 金		8,000		10,000				18,000
繰 越 商 品	450,000		500,000	450,000			500,000	
備 品	1,000,000			200,000			800,000	
仕 入	2,380,000		450,000	500,000	2,330,000			
支 払 家 賃	1,800,000			400,000	1,400,000			
	10,683,250	10,683,250						
貸倒引当金繰入			10,000		10,000			
減 価 償 却 費			200,000		200,000			
前 払 家 賃			400,000				400,000	
当 期 純 利 益					150,000			150,000
			1,560,000	1,560,000	5,850,000	5,850,000	3,200,000	3,200,000

5,700,000　5,850,000　　3,200,000　3,050,000

150,000　　　　　　　150,000

利益のときは離れ、
損失のときは隣同士になります!

ちょっと一息 簿記は仕訳に始まり仕訳に終わる

「1－3　仕訳・転記とは？」（⇒ P.12）で学んだ通り、会社の財産や債務が取引によって移動すると「仕訳」を行い、記録をスタートさせました。

では、何をすれば「簿記が終わった」と言えるのでしょうか？

多くの方は、おそらく「決算」とお答えになるでしょう。

確かに、簿記の目的は利害関係者に決算で作成される財務諸表を示すことですから、簿記の終わりが「決算」というのも、間違いではありません。

しかし、決算において財務諸表の作成後に行われる仕訳があります。

そう、利益や損失を振り替える「決算振替仕訳」です。

決算整理仕訳後に作成される精算表でのチェックをクリアした後、貸借対照表・損益計算書といった財務諸表を作成し、最後に決算振替仕訳を行って、利益や損失を繰越利益剰余金に振り替えます。

このように、簿記の手続き上、最終的な作業も「仕訳」ということとなります。

「仕訳」がいかに大切なのか、お分かりになったのではないでしょうか。

検定試験でも、第1問の仕訳問題の配点は30点前後となっており、仕訳ができるかできないかで、合否の可能性が大きく変わってきます。

ですが仕訳は、よ～く問題文を見ると、使う勘定科目がダイレクトに書かれていることも多く、検定において得点源にしやすい、とも言えるのです。

仕訳を得意にして、ぜひ合格してくださいね!!

演|習|問|題

第1問 　決算にあたって修正すべき次の事項（決算整理事項）にもとづいて、株式会社京都モータース（会計期間は令和×4年4月1日～令和×5年3月31日）の精算表を完成しなさい。

決算整理事項

1．期末商品棚卸高　　　￥366,000
2．貸倒引当金　　　　　売掛金について、残高の3.0%の貸し倒れを見積もる。差額補充法により処理する。
3．備品：減価償却　　　定額法により減価償却費の計算を行い、直接法により記帳する。なお、備品は当期首に取得したものであり、耐用年数は5年、残存価額はゼロと見積もられている。
4．現金過不足の残高は、通信費￥6,000の記帳漏れが原因であるため、適切に処理する。
5．消耗品の未使用高　　￥15,500
6．広告費の未払高　　　￥14,500

精　算　表

勘定科目	残高試算表 借方	残高試算表 貸方	修正記入 借方	修正記入 貸方	損益計算書 借方	損益計算書 貸方	貸借対照表 借方	貸借対照表 貸方
現　　　金	263,000							
現 金 過 不 足	6,000							
当 座 預 金	232,500							
普 通 預 金	176,000							
売 　掛 　金	425,000							
貸 倒 引 当 金		2,750						
繰 越 商 品	330,500							
貸 　付 　金	1,000,000							
備　　　品	1,500,000							
買 　掛 　金		385,500						
借 　入 　金		1,250,000						
資 　本 　金		2,500,000						
繰越利益剰余金		250,000						
売　　　上		6,280,000						
受 取 利 息		15,000						
仕 　　　入	4,234,250							
給 　　　料	1,129,000							
広 　告 　費	206,500							
交 　通 　費	162,500							
通 　信 　費	138,000							
消 耗 品 費	147,000							
支 払 家 賃	552,500							
水 道 光 熱 費	88,000							
租 税 公 課	67,500							
支 払 利 息	25,000							
	10,683,250	10,683,250						
貸倒引当金繰入								
減 価 償 却 費								
消 　耗 　品								
未 払 広 告 費								
当 期 純 損 失								

第2問 決算にあたって修正すべき次の事項（決算整理事項）にもとづいて、株式会社大阪書店（会計期間は令和×4年4月1日～令和×5年3月31日）の精算表を完成しなさい。

決算整理事項

1. 期末商品棚卸高　　　¥412,000
2. 貸倒引当金　　　　　売掛金残高の3.0%の貸し倒れを見積もる。差額補充法により処理する。
3. 備品：減価償却　　　備品は、当期首に¥1,600,000で購入し、直ちに使用に供したものである。
　　　　　　　　　　　定額法により減価償却費の計算を行い、直接法により記帳する。
　　　　　　　　　　　耐用年数は5年、残存価額はゼロと見積もられている。
4. 現金過不足の残高は、原因不明につき、雑益として処理する。
5. 通信費の未払高　　　¥22,000
6. 広告費の前払高　　　¥35,000

精算表

勘定科目	残高試算表 借方	残高試算表 貸方	修正記入 借方	修正記入 貸方	損益計算書 借方	損益計算書 貸方	貸借対照表 借方	貸借対照表 貸方
現　　金	519,400							
現金過不足		2,400						
当座預金	464,000							
普通預金	660,000							
売　掛　金	940,000							
貸倒引当金		19,200						
繰越商品	384,000							
貸　付　金	800,000							
備　　品	1,600,000							
買　掛　金		1,010,000						
借　入　金		280,000						
資　本　金		3,160,000						
繰越利益剰余金		550,000						
売　　上		8,059,600						
受取利息		25,200						
仕　　入	5,920,000							
給　　料	610,000							
広　告　費	161,600							
交　通　費	222,000							
通　信　費	126,000							
消耗品費	54,000							
保　険　料	288,000							
水道光熱費	192,000							
租税公課	148,600							
支払利息	16,800							
	13,106,400	13,106,400						
雑　　益								
貸倒引当金繰入								
減価償却費								
未払通信費								
前払広告費								
当期純利益								

第3問 決算にあたって修正すべき次の事項（決算整理事項）にもとづいて、株式会社神戸呉服店（会計期間は令和×4年4月1日～令和×5年3月31日）の精算表を完成しなさい。

決算整理事項

1．期末商品棚卸高　　　¥426,000
2．貸倒引当金　　　　　売掛金残高の2.0%の貸し倒れを見積もる。差額補充法により処理する。
3．備品：減価償却　　　定額法により減価償却費の計算を行い、直接法により記帳する。
　　　　　　　　　　　尚、備品は当期首に取得したものであり、耐用年数は6年、残存価額はゼロと見積もられている。
4．消耗品の未使用高　　¥29,500
5．広告費の未払高　　　¥21,000
6．通信費の前払高　　　¥41,000

精 算 表

勘 定 科 目	残 高 試 算 表 借 方	残 高 試 算 表 貸 方	修 正 記 入 借 方	修 正 記 入 貸 方	損 益 計 算 書 借 方	損 益 計 算 書 貸 方	貸 借 対 照 表 借 方	貸 借 対 照 表 貸 方
現 金	442,500							
当 座 預 金	360,000							
普 通 預 金	320,500							
売 掛 金	525,000							
貸 倒 引 当 金		1,500						
繰 越 商 品	410,000							
貸 付 金	500,000							
備 品	1,200,000							
買 掛 金		212,000						
借 入 金		750,000						
資 本 金		2,150,000						
繰越利益剰余金		75,000						
売 上		7,312,000						
受 取 利 息		15,000						
仕 入	4,239,500							
給 料	1,234,000							
広 告 費	163,000							
交 通 費	126,500							
通 信 費	87,500							
消 耗 品 費	171,000							
支 払 家 賃	533,000							
水 道 光 熱 費	89,000							
租 税 公 課	84,000							
支 払 利 息	30,000							
	10,515,500	10,515,500						
貸倒引当金繰入								
減 価 償 却 費								
消 耗 品								
未 払 広 告 費								
前 払 通 信 費								
当 期 純 利 益								

「精算」と「清算」の違い

日本語は世界の中でも難しい言語のひとつであると言われていますが、その理由の一つが、「言い方は同じなのに意味が違う」という同音異義語の存在です。

簿記で作成する『精算表』では、「米」に「青」の漢字を組み合わせた「精」が使われています。

これは、「精」という漢字は「緻密」「細かい」「詳しい」などを意味が含まれていて、「精算」という言葉にすると「詳細に計算して、金額を確定する」という意味になります。このことから、詳細な計算で利益を確定する「精算表」という形で使われています。

一方、『清算』では、「さんずい（水の意味）」に「青」の漢字を組み合わせた「清」が使われています。

この漢字には「汚れがなく美しい」「澄み渡っている」といった意味があり、「借金を清算する」といった、負債を支払ってなくした場面などで使われます。主に法律の世界で使われることの多い言葉です。

簿記で登場するのはほとんどが「精算」ですが、実生活や仕事では「清算」を使うことがあるかもしれません。意味が違いますので注意しましょう！

3-4 財務諸表の作成

◆財務諸表とは

改めての説明となりますが、財務諸表は企業の利害関係者（⇒P.61）に対して、企業の状況を報告する書類のことを指します。全経3級商業簿記では、企業の健康診断書に相当し、一時点（決算日）の財政状態を表す『貸借対照表（Balance Seat。B／Sと略される）』と、企業の成績表に相当し、一定期間（会計期間。通常は1年間）の経営成績を表している『損益計算書（Profit and Loss Statement。P／Lと略される）』の2つが出題範囲となっています。

◆貸借対照表と損益計算書の作成手順

3-3 精算表（⇒P.76）で、貸借対照表と損益計算書を作成する前に、精算表で試算表や決算整理仕訳の結果にミスがないかを確認する、と説明しました。これらの確認が済んだ後、2つの表を作成していくことになります。その手順は、次の通りです。

1．決算整理事項の仕訳（＝決算整理仕訳）をする。
2．決算整理事項の仕訳で使った勘定科目は仕訳を行ったことで数値が変わっているので、残高試算表の数値に加減算し、貸借対照表・損益計算書に記入する。仕訳を行っていない勘定科目は、残高試算表の数値をそのまま書き写す。
3．差額から当期純利益（ないし当期純損失）を計算する。

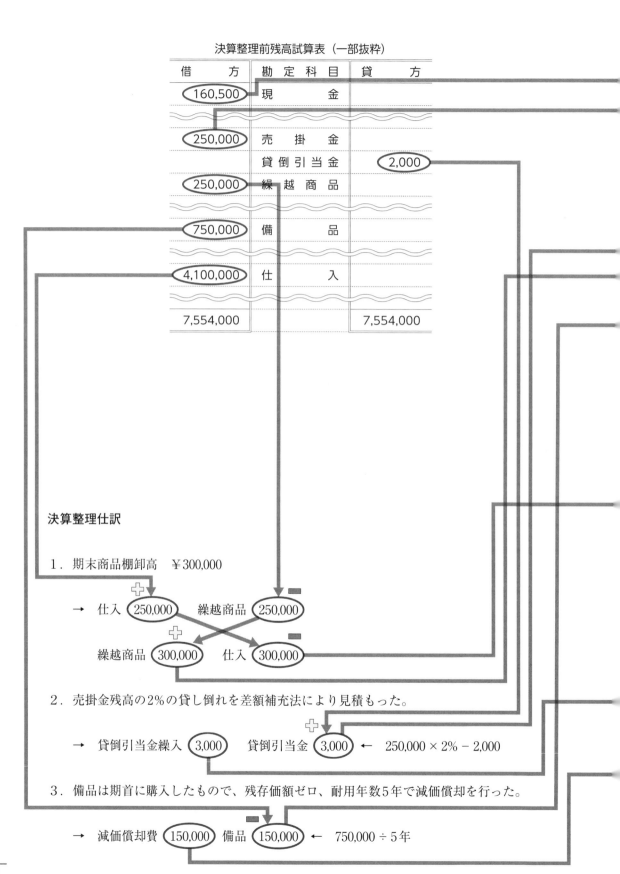

決算整理前残高試算表（一部抜粋）

借　方	勘 定 科 目	貸　方
160,500	現　　　　金	
250,000	売　掛　金	
	貸 倒 引 当 金	2,000
250,000	繰　越　商　品	
750,000	備　　　　品	
4,100,000	仕　　　　入	
7,554,000		7,554,000

決算整理仕訳

1．期末商品棚卸高　¥300,000

　→　仕入 250,000　繰越商品 250,000

　　　繰越商品 300,000　仕入 300,000

2．売掛金残高の2%の貸し倒れを差額補充法により見積もった。

　→　貸倒引当金繰入 3,000　貸倒引当金 3,000　←　250,000 × 2% − 2,000

3．備品は期首に購入したもので、残存価額ゼロ、耐用年数5年で減価償却を行った。

　→　減価償却費 150,000　備品 150,000　←　750,000 ÷ 5年

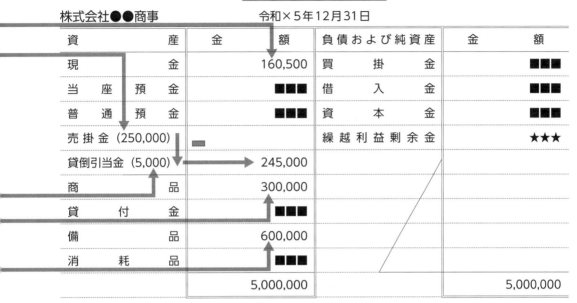

貸借対照表

株式会社●●商事　　令和×5年12月31日

資　　　産	金　　額	負債および純資産	金　　額
現　　　金	160,500	買　掛　金	■■■
当 座 預 金	■■■	借　入　金	■■■
普 通 預 金	■■■	資　本　金	■■■
売掛金（250,000）		繰越利益剰余金	★★★
貸倒引当金（5,000）	245,000		
商　　　品	300,000		
貸　付　金	■■■		
備　　　品	600,000		
消　耗　品	■■■		
	5,000,000		5,000,000

損益計算書

株式会社●●商事　　令和×5年1月1日～令和×5年12月31日

費　　　用	金　　額	収　　益	金　　額
売 上 原 価	4,050,000	売　　上	■■■
給　　　料	■■■	受 取 利 息	■■■
広　告　費	■■■		
交　通　費	■■■		
通　信　費	■■■		
消 耗 品 費	■■■		
支 払 家 賃	■■■		
水 道 光 熱 費	■■■		
租 税 公 課	■■■		
支 払 利 息	■■■		
貸倒引当金繰入	3,000		
減 価 償 却 費	150,000		
当 期 純 利 益	★★★		
	8,000,000		8,000,000

※金額の■■■は、決算整理前残高試算表からそのまま転記。★★★は合計から差額で算出。
※「繰越商品」は貸借対照表の「商品」に、「仕入」は損益計算書の「売上原価」となります。
※「貸倒引当金」は、売上債権（売掛金）をマイナスする勘定科目のため、売上債権からその金額をマイナスし、貸借対照表に記載します（P.76の精算表では、貸方に記載）。

第1問 株式会社奈良書道具（会計期間：令和×5年1月1日〜12月31日）の決算整理前の総勘定元帳残高と決算整理事項にもとづいて、貸借対照表と損益計算書を作成しなさい。

決算整理前総勘定元帳勘定残高

現　　　　　金	¥1,030,000	現金過不足（貸方）	¥ 3,800	当 座 預 金	¥1,270,000
普 通 預 金	2,364,000	売 掛 金	3,400,000	貸 倒 引 当 金	17,400
繰 越 商 品	996,000	貸 付 金	1,148,000	備　　　　品	2,000,000
買 掛 金	1,138,000	借 入 金	1,348,000	資 本 金	5,800,000
繰越利益剰余金（貸方）	1,032,600	売　　　　上	13,823,600	受 取 利 息	32,000
仕　　　　入	6,120,000	給　　　　料	2,360,000	広 告 費	460,000
交 通 費	390,000	通 信 費	206,000	消 耗 品 費	86,000
保 険 料	728,000	水 道 光 熱 費	480,000	租 税 公 課	114,000
支 払 利 息	43,400				

決算整理事項

1．期末商品棚卸高　　　¥1,014,000
2．貸倒引当金　　　　　売掛金残高の1.1%の貸倒れを見積もる。差額補充法により処理する。
3．備品：減価償却　　　備品は、前期首に¥2,400,000で購入し、直ちに使用に供したものである。
　　　　　　　　　　　　定額法により減価償却費の計算を行い、直接法により記帳する。
　　　　　　　　　　　　耐用年数は6年、残存価額はゼロと見積もられている。
　　　　　　　　　　　　なお、前期における減価償却費は適正に計上されている。
4．現金過不足の残高は、原因不明につき、雑益として処理する。
5．給料の未払高　　　　¥192,000
6．保険料の前払高　　　¥104,000

貸 借 対 照 表

株式会社奈良書道具　　　　　令和×5年12月31日

資　　　　　　産	金　　　額	負債および純資産	金　　　額
現　　　　　　金		買　　掛　　金	
当　座　預　金		借　　入　　金	
普　通　預　金		未　払　費　用	
売掛金（　　　）		資　　本　　金	
貸倒引当金（　　）		繰越利益剰余金	
商　　　　　品			
貸　付　金			
備　　　　　品			
前　払　費　用			

損 益 計 算 書

株式会社奈良書道具　　　令和×5年1月1日～令和×5年12月31日

費　　　　　用	金　　　額	収　　　　　益	金　　　額
売　上　原　価		売　　　　　上	
給　　　　料		受　取　利　息	
広　　告　　費		雑　　　　　益	
交　　通　　費			
通　　信　　費			
消　耗　品　費			
保　　険　　料			
水　道　光　熱　費			
租　税　公　課			
支　払　利　息			
貸倒引当金繰入			
減　価　償　却　費			
（　　　　　　）			

第2問 株式会社高知商事（会計期間：令和×5年1月1日～12月31日）の決算整理前残高試算表と決算整理事項にもとづいて、貸借対照表と損益計算書を作成しなさい。

決算整理前残高試算表
令和×5年12月31日

借　　　方	勘　定　科　目	貸　　　方
160,500	現　　　　　金	
7,500	現 金 過 不 足	
163,000	当 座 預 金	
149,000	普 通 預 金	
250,000	売 　掛　 金	
	貸 倒 引 当 金	2,500
242,000	繰 越 商 品	
400,000	貸 　付　 金	
750,000	備　　　　　品	
	買 　掛　 金	120,500
	借 　入　 金	250,000
	資 　本　 金	900,000
	繰越利益剰余金	100,000
	売　　　　　上	6,176,000
	受 取 利 息	5,000
4,106,750	仕　　　　　入	
811,500	給　　　　　料	
84,000	広 　告　 費	
47,000	交 　通　 費	
26,000	通 　信　 費	
76,000	消 耗 品 費	
182,000	支 払 家 賃	
63,500	水 道 光 熱 費	
31,500	租 税 公 課	
3,750	支 払 利 息	
7,554,000		7,554,000

決算整理事項

1．期末商品棚卸高　　　　　¥226,000
2．貸倒引当金　　　　　　　売掛金について残高の3.0%の貸倒れを見積もる。差額補充法により処理する。
3．備品：減価償却　　　　　定額法により減価償却費の計算を行い、直接法により記帳する。なお、備品は当期首に取得したものであり、耐用年数は6年、残存価額はゼロと見積もられている。
4．現金過不足　　　　　　　残高は、全額広告費の記帳漏れが原因であるため、適切に処理する。
5．消耗品の未使用高　　　　¥15,500
6．家賃の前払高　　　　　　¥14,000

貸　借　対　照　表

株式会社高知商事　　　　　　　令和×5年12月31日

資　　　　　産	金　　額	負債および純資産	金　　額
現　　　　　金		買　　掛　　金	
当　座　預　金		借　　入　　金	
普　通　預　金		資　　本　　金	
売掛金（　　　）		繰越利益剰余金	
貸倒引当金（　　　）			
商　　　　　品			
貸　　付　　金			
備　　　　　品			
消　　耗　　品			
前　払　費　用			

損　益　計　算　書

株式会社高知商事　　　　令和×5年1月1日〜令和×5年12月31日

費　　　　　用	金　　額	収　　　　　益	金　　額
売　上　原　価		売　　　　　上	
給　　　　　料		受　取　利　息	
広　　告　　費			
交　　通　　費			
通　　信　　費			
消　耗　品　費			
支　払　家　賃			
水　道　光　熱　費			
租　税　公　課			
支　払　利　息			
貸倒引当金繰入			
減　価　償　却　費			
（　　　　　）			

第3問 株式会社岡山事務（会計期間：令和×5年1月1日〜12月31日）の決算整理前総勘定元帳残高と決算整理事項にもとづいて、貸借対照表と損益計算書を作成しなさい。

現金	
1,255,600	

現金過不足	
9,800	

当座預金	
1,470,000	

普通預金	
2,612,000	

売掛金	
3,400,000	

貸倒引当金	
	18,000

繰越商品	
756,000	

貸付金	
836,000	

備品	
4,512,000	

買掛金	
	1,668,000

借入金	
	1,516,000

資本金	
	7,000,000

繰越利益剰余金	
	2,620,000

売上	
	19,060,000

受取利息	
	41,400

仕入	
10,560,000	

給料	
3,700,000	

広告費	
646,000	

交通費	
248,000	

通信費	
512,000	

消耗品費	
309,200	

保険料	
778,000	

水道光熱費	
108,000	

租税公課	
122,000	

支払利息	
88,800	

決算整理事項

1．期末商品棚卸高 ¥650,000

2．貸倒引当金 売掛金残高の1.0%の貸倒れを見積もる。差額補充法により処理する。

3．備品：減価償却 備品は、令和×5年1月1日に¥4,512,000で購入し、直ちに使用に供したものである。
定額法により減価償却費の計算を行い、直接法により記帳する。
耐用年数は6年、残存価額はゼロと見積もられている。

4．現金過不足は、原因不明につき、雑損として処理する。

5．消耗品の未使用高 ¥24,600

6．給料の未払高 ¥236,000

貸　借　対　照　表

株式会社岡山事務　　　　　　令和×5年12月31日

資　　　　　　　産	金　　額	負債および純資産	金　　　額
現　　　　　　金		買　　掛　　金	
当　座　預　金		借　　入　　金	
普　通　預　金		未　払　費　用	
売掛金（　　　）		資　　本　　金	
貸倒引当金（　　）		繰越利益剰余金	
商　　　　　品			
貸　　付　　金			
備　　　　　品			
消　　耗　　品			

損　益　計　算　書

株式会社岡山事務　　　　令和×5年1月1日～令和×5年12月31日

費　　　　　　用	金　　額	収　　　　　益	金　　　額
売　上　原　価		売　　　　上	
給　　　　料		受　取　利　息	
広　　告　　費			
交　　通　　費			
通　　信　　費			
消　耗　品　費			
保　　険　　料			
水　道　光　熱　費			
租　税　公　課			
支　払　利　息			
貸倒引当金繰入			
減　価　償　却　費			
雑　　　　損			
（　　　　　）			

① 総勘定元帳の締切

決算手続きの一つに「総勘定元帳（Tフォーム）の締切」があります。

総勘定元帳（⇒P.15）を記帳することで財政状態は理解しやすくなりますが、あくまで当期の帳簿です。決算日で当期が終わる際は、何らかの形で総勘定元帳の借方・貸方を整理し、来期はゼロからスタートする必要があります。

しかし、資産・負債・純資産に属する勘定科目は企業の健康状態を表すもので、決算になったからといって、なかったことにはできません。そこで、総勘定元帳の借方・貸方の差額を「次期繰越」の勘定科目で埋め合わせ、来期に「前期繰越」として繰り延べます。

一方、収益と費用に属する勘定科目は企業の経営成績を表しており、こちらは次の会計年度に繰り越す必要がなく、何もしないと差額が残ってしまい、来期ゼロからのスタートができません。そこで、費用と収益の差額を「損益」という勘定科目に振り替え、その損益額を企業の利益（損失）として蓄積する「繰越利益剰余金（仕訳は純資産）」として締め切ります（この作業を「決算振替仕訳」といいます）。

現金

前期繰越	1,000	買 掛 金	9,000
売 掛 金	5,000	**次 期 繰 越**	**2,000**
売 上	5,000		
	11,000		11,000
前 期 繰 越	2,000		

売掛金

前期繰越	1,000	現 金	4,000
売 上	5,000	**次 期 繰 越**	**2,000**
	6,000		6,000
前 期 繰 越	2,000		

繰越利益剰余金

利益準備金	1,500	前 期 繰 越	1,000
未払配当金	15,000	損 益	20,000
次 期 繰 越	**4,500**		
	21,000		21,000
		前 期 繰 越	4,500

資本金

次 期 繰 越	**1,000**	前 期 繰 越	1,000
		前 期 繰 越	1,000

収益・費用勘定から損益勘定への振替

給料

現 金	250	損 益	250

広告宣伝費

現 金	12	損 益	12

支払家賃

現 金	30	損 益	30

雑費

現 金	15	損 益	15

支払利息

現 金	12	損 益	12

損益

給 料	250	売 上	700
広告宣伝費	12	受取手数料	10
支 払 家 賃	30		
雑 費	15		
支 払 利 息	12		

売上

損 益	700	売 掛 金	200
		売 掛 金	500

受取手数料

損 益	10	現 金	10

② 当期純利益（当期純損失）の算定

　損益勘定から、繰越利益剰余金勘定への決算振替仕訳によって、企業は当期純利益（当期純損失）を計上します。この金額が当期に行ったビジネスの最終結果です。

　損益勘定の借方には費用の各勘定科目が、貸方には収益の各勘定科目が集合しています。そのため、借方に差額が出た場合は収益の方が多かったということであり、「当期純利益」が計上されたことになります。

　一方、損益勘定の貸方に差額が出た場合は費用の方が多かったということであるため、「当期純損失」が計上されたことになります。

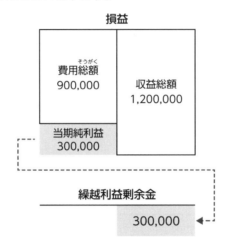

　なお、どちらであっても損益勘定の差額は「繰越利益剰余金」に振り替えます。

例1　決算手続きの結果、当期純利益￥500,000を計上した。

当期純利益 ＝ 収益の方が多かった（費用の方が少なかった）＝ 損益の借方に差額発生

　　　　仕訳：　損益　500,000　　繰越利益剰余金　500,000

例2　決算手続きの結果、当期純損失￥350,000を計上した。

当期純損失 ＝ 費用の方が多かった（収益の方が少なかった）＝ 損益の貸方に差額発生

　　　　仕訳：　繰越利益剰余金　350,000　　損益　350,000

　次の取引の仕訳を示しなさい。ただし、勘定科目は次の中から最も適当なものを選ぶこと。

損　　益　　　繰越利益剰余金

1．熊本商店は、決算を行った結果、当期純利益￥450,000を計上した。
2．大分物産は、決算手続きを行ったところ、当期純損失￥300,000となったため、決算振替仕訳を行った。
3．宮崎商事は、費用・収益の決算振替仕訳を行ったところ、損益勘定の借方に￥600,000の差額が発生したため、繰越利益剰余金勘定への振替を行い、当期純利益を計上した。
4．鹿児島株式会社は、決算の結果、当期純損失￥500,000となり、繰越利益剰余金で相殺した。
5．那覇商店は、費用・収益の決算振替仕訳を行ったところ、損益勘定の借方合計は￥1,500,000、貸方合計は￥2,200,000となったので、適切に処理を行い、損益勘定を締め切った。

	借　方	金　額	貸　方	金　額
1				
2				
3				
4				
5				

3-6 計算問題 _{けいさんもんだい}

簿記では金額をはじめとした数字を扱うため、電卓による計算は欠かせません。そして、全経3級商業簿記では実際に計算が必要になってくる出題は、第2問で集中して出題されます。

こうした計算問題では、資産・負債・純資産・収益・費用の関係について問われます。解答するための要点は次の2つです。

1. 資産・負債・純資産・収益・費用・当期純利益（当期純損失）の関係

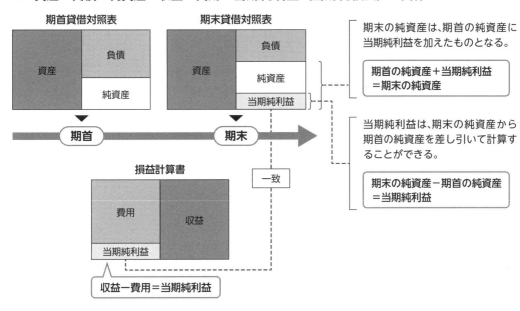

期末の純資産は、期首の純資産に当期純利益を加えたものとなる。

期首の純資産＋当期純利益＝期末の純資産

当期純利益は、期末の純資産から期首の純資産を差し引いて計算することができる。

期末の純資産－期首の純資産＝当期純利益

収益－費用＝当期純利益

2. 売上高・売上原価・売上総利益の関係

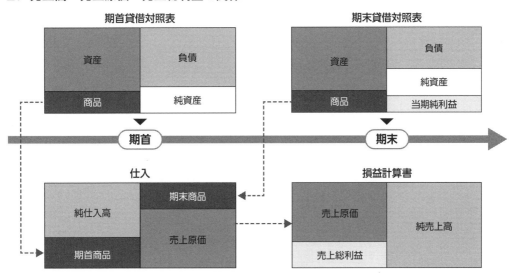

この2点をもとにして、検定試験の計算問題は、次の3パターンで出題されます。

A．Ｔフォームを埋める問題（期中に損益取引以外の純資産変動なし）

期首貸借対照表

資　　産	9,270,000	負　　債	6,130,000
		純資産（資本）	（ア　3,140,000　）
	9,270,000		9,270,000

損益計算書

費　　用	18,200,000	収　　益	19,280,000
当期純利益	（イ　1,080,000　）		
	19,280,000		19,280,000

期末貸借対照表

資　　産	9,925,000	負　　債	（ウ　5,705,000　）
		純資産（資本）	（エ　4,220,000　）
	9,925,000		9,925,000

ア　…　　　9,270,000　－　　　6,130,000

イ　…　　19,280,000　－　　18,200,000

ウ　…　　　9,925,000　－　エの4,220,000　※エを先に計算する!!

エ　…　アの3,140,000　＋　イの1,080,000

B．表を埋める問題（期中に損益取引以外の純資産変動なし）

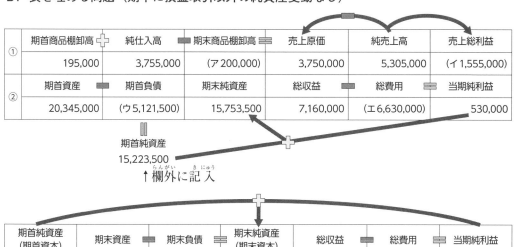

	期首商品棚卸高	純仕入高	期末商品棚卸高	売上原価	純売上高	売上総利益
①	195,000	3,755,000	（ア 200,000）	3,750,000	5,305,000	（イ 1,555,000）

	期首資産	期首負債	期末純資産	総収益	総費用	当期純利益
②	20,345,000	（ウ 5,121,500）	15,753,500	7,160,000	（エ 6,630,000）	530,000

期首純資産
15,223,500
↑欄外に記入

期首純資産 （期首資本）	期末資産	期末負債	期末純資産 （期末資本）	総収益	総費用	当期純利益
（ア 7,620,000）	25,000,000	15,040,000	（イ 9,960,000）	（ウ 14,820,000）	12,480,000	2,340,000

C．各データから計算する問題

※187回（2017年）を最後に出題されていないが、計算の仕方はおさえておく！

次の資料1～3によって、期首純資産・期末純資産・収益総額・当期純利益の各金額を求める。

1．期　首　現　　金 30,000　　当座預金 300,000　　普通預金 150,000
　　　　　　　売 掛 金 100,000　　商　　品 90,000　　買 掛 金 120,000
　　　　　　　借 入 金 250,000

2．期　末　現　　金 60,000　　当座預金 280,000　　普通預金 130,000
　　　　　　　売 掛 金 120,000　　商　　品 90,000　　買 掛 金 130,000
　　　　　　　借 入 金 200,000

3．費用総額　　350,000

期首純資産＝期首資産総額－期首負債総額

→　30,000 ＋ 300,000 ＋ 150,000 ＋ 100,000 ＋ 90,000 － 120,000 － 250,000 ＝ 300,000

期末純資産＝期末資産総額－期末負債総額

→　60,000 ＋ 280,000 ＋ 130,000 ＋ 120,000 ＋ 90,000 － 130,000 － 200,000 ＝ 350,000

当期純利益＝期末純資産－期首純資産

→　350,000 － 300,000 ＝ 50,000

収益総額＝費用総額＋当期純利益（収益総額－費用総額＝当期純利益）

→　350,000 ＋ 50,000 ＝ 400,000

演|習|問|題

1. 次の資料によって（ア）期首純資産（期首資本）（イ）当期純利益（ウ）期末負債（エ）期末純資産（期末資本）を求めなさい。尚、当期中に損益取引以外に純資産の変動はない。

期首貸借対照表

資　　産	5,500,000	負　　債	3,250,000
		純資産（資本）	（ア　　　　　）
	5,500,000		5,500,000

損益計算書

費　　用	7,550,000	収　　益	8,700,000
当期純利益	（イ　　　　　）		
	8,700,000		8,700,000

期末貸借対照表

資　　産	6,200,000	負　　債	（ウ　　　　　）
		純資産（資本）	（エ　　　　　）
	6,200,000		6,200,000

2. 次の資料によって（ア）期首負債（イ）費用総額（ウ）期末資産（エ）期末純資産（期末資本）を求めなさい。尚、当期中に損益取引以外に純資産の変動はない。

期首貸借対照表

資　　産	3,700,000	負　　債	（ア　　　　　）
		純資産（資本）	1,100,000
	3,700,000		3,700,000

損益計算書

費　　用	（イ　　　　　）	収　　益	4,300,000
当期純利益	550,000		
	4,300,000		4,300,000

期末貸借対照表

資　　産	（ウ　　　　　）	負　　債	2,400,000
		純資産（資本）	（エ　　　　　）
	各自推定		各自推定

3．次の①の場合の（ア）と（イ）、②の場合の（ウ）と（エ）にあてはまる金額を計算しなさい。尚、②については、損益取引以外に純資産の変動はない。

①	期首商品棚卸高	純仕入高	期末商品棚卸高	売上原価	純売上高	売上総利益
	480,000	2,380,000	520,000	（ア　　）	3,650,000	（イ　　）

②	期首資産	期首負債	期末純資産	総収益	総費用	当期純利益
	（ウ　　）	5,000,000	6,200,000	12,000,000	11,750,000	（エ　　）

4．次の（ア）～（ウ）にあてはまる金額を計算しなさい。尚、期中に損益取引以外の純資産変動はない。

期首純資産 （期首資本）	期末資産	期末負債	期末純資産 （期末資本）	総収益	総費用	当期純利益
（ア　　）	6,200,000	（イ　　）	3,500,000	1,900,000	（ウ　　）	220,000

5．次の資料1～3によって、期首純資産・期末純資産・費用総額・当期純利益の各金額を求めなさい。

Ⅰ．期　首　　現　　金　25,000　　当座預金 110,000　　普通預金 100,000
　　　　　　　　売 掛 金　80,000　　商　　品　50,000　　買 掛 金 100,000
　　　　　　　　借 入 金 115,000

Ⅱ．期　末　　現　　金　80,000　　当座預金 310,000　　普通預金 250,000
　　　　　　　　売 掛 金 160,000　　商　　品　90,000　　買 掛 金 210,000
　　　　　　　　借 入 金 200,000

Ⅲ．収益総額　　715,000

期首純資産		期末純資産	
費用総額		当期純利益	

簿記で使う線の意味

簿記の帳簿を作成していると、破線（一定間隔ですき間を作った線）の他に、実線（普通の線）や二重線などが出てきます。

これらの線には、それぞれ意味があります。

破線（--------）	記入する行を区別
実線（———）	①区切線。別の取引と区切るときに使用 ②合計線。その線より上の数字を合計。合計線が２つある場合、下の合計線は上の合計線との間の数字を合計する
二重線（＝＝＝）	①各帳簿の一番上や、数字を記入する欄を区別するときに使用 ②締切線。その線で月や会計年度を分ける。通常は、日付欄と金額欄に引く

線を使い分けることにより、より帳簿が見やすく、記入（現代では、パソコンで入力）しやすくなっているのです。

第 **4** 章

帳簿と証ひょう

この章では、簿記で作成される各種帳簿と、ビジネスで取り扱う証ひょう処理について学びます。

特に、4-1 と 2 は検定でよく出題されていますので、しっかり練習しましょう！

4-1 小口現金出納帳

　小口現金出納帳とは、「**2-5** 小口現金（⇒P.44）」で学習した小口の支出を記録するための補助簿（総勘定元帳や仕訳帳には書かないような、細かい記録をつける帳簿）のことです。原則、1週間単位で記録され、その週で使った小口現金分の金額を補充することが多いです。小口現金がどのように使用されたのかを、小口現金係は補助簿に記録します。

　小口現金出納帳は、次のように記入します。

---

❶ 小口現金から費用を支払った場合、「支払」欄とその費用に対応する「内訳」欄に金額を記入。「摘要」欄には何によってお金が動いたかの要約（○○代　など）を記入し、「残高」欄には「前の記録の残高金額−支払金額」を記入する。

❷ 週末になったら、「支払」欄と「内訳」欄の合計を算出し、金額が一致することを確認。

❸ 週末に小口現金が補充された場合、末日に「支払」欄の合計金額を「受入」欄に記入する。

❹ 末日に補充の場合、常に繰越額（前週繰越と次週繰越）は同じ金額となる。

【小口現金出納帳の記入例】

10月6日　郵便切手代　￥1,500

　　8日　バス回数券代　￥1,000

　　10日　お茶代　￥1,200

小 口 現 金 出 納 帳

受　　入	令和○年		摘　　　要	支　　払	内　　訳			残　　高
					通信費	交通費	雑　　費	
5,000	10	6	前 週 繰 越					5,000
			合　　計					
		10	本 日 補 給					
		〃	次 週 繰 越					
	10	13	前 週 繰 越					

小 口 現 金 出 納 帳

受　　入	令和○年		摘　　　要	支　払	内　　訳			残　高
					通 信 費	交 通 費	雑　　費	
5,000	10	6	前 週 繰 越		支払欄と内訳欄の両方に記入			5,000
	〃		① 郵便切手代	1,500	1,500		5,000 − 1,500 →	3,500
	8		② バス回数券代	1,000		1,000		2,500
	10		③ お　茶　代	1,200			1,200	1,300
支払欄の合計金額			合　　計	④ 3,700	1,500	1,000	1,200	
⑤ 3,700	10		本 日 補 給	合計する			1,300 − 3,700 →	⑤ 5,000
合計する	〃		次 週 繰 越	⑤ 5,000				
⑥ 8,700				⑥ 8,700				
⑦ 5,000	10	13	前 週 繰 越					⑦ 5,000
繰越額を記入								

10月6日　①「摘要」欄に郵便切手代と記入し、「支払」欄と「内訳」欄の「通信費<small>つうしんひ</small>」欄に
1,500と記入します。「残高」欄は、5,000 − 1,500 = 3,500 となるので、3,500と
記入します。

　　8日　②「摘要」欄にバス回数券代と記入し、「支払」欄と「内訳」欄の「交通費<small>こうつうひ</small>」欄に
1,000と記入します。「残高」欄は、3,500 − 1,000 = 2,500 となるので、2,500と
記入します。

　　10日　③「摘要」欄にお茶代と記入し、「支払」欄と「内訳」欄の「雑費<small>ざっぴ</small>」欄に1,200と
記入します。「残高」欄は、2,500 − 1,200 = 1,300となるので、1,300と記入し
ます。

④「合計」欄に「支払」欄の合計金額を記入し、「内訳」欄の合計金額と一致するかどうかを
確認します。

⑤本日補給の「受入」欄に「支払」欄の合計金額3,700を、「残高」欄に5,000をそれぞれ記入
します。

⑥次週繰越の「支払」欄に5,000と記入し、「受入」欄と「支払」欄のそれぞれの合計金額が
一致しているかを確認します。

⑦前週繰越の「受入」欄と「残高」欄に5,000と記入します。

第4章　帳簿と証ひょう

第1問 次の取引を小口現金出納帳に記入して締め切りなさい。なお、小口現金係は、定額資金前渡制（インプレスト・システム）により、毎週金曜日の終業時にその週の支払いを報告し、資金の補給を受けている。

4月16日（月）　インクカートリッジ代　￥6,000
　　17日（火）　郵便切手代　　　　　　￥2,500
　　18日（水）　新聞購読料　　　　　　￥4,500
　　19日（木）　バス代　　　　　　　　￥1,800
　　20日（金）　携帯電話使用料　　　　￥4,200

小 口 現 金 出 納 帳

受　入	令和×5年		摘　　要	支　払	内　　訳				残　高
					通信費	交通費	消耗品費	雑　費	
30,000	4	16	前 週 繰 越						30,000
			合　　計						
		20	本 日 補 給						
		〃	次 週 繰 越						
	4	23	前 週 繰 越						

第2問 次の取引を小口現金出納帳に記入して締め切りなさい。なお、小口現金係は、定額資金前渡制（インプレスト・システム）により、毎週金曜日の終業時にその週の支払いを報告し、資金の補給を受けている。

3月12日（火） タクシー代 ￥2,700
13日（水） 接待用お茶代 ￥4,360
14日（木） 郵便はがき代 ￥6,500
14日（木） コピー機トナー代 ￥8,500
15日（金） インターネット通信料 ￥5,800

小 口 現 金 出 納 帳

受　　入	令和 ×5年		摘　　要	支　払	内　　訳				残　　高
					通信費	交通費	消耗品費	雑　費	
50,000	3	11	前 週 繰 越						50,000
			合　　計						
		15	本 日 補 給						
		〃	次 週 繰 越						
	3	18	前 週 繰 越						

次の取引を小口現金出納帳に記入して締め切りなさい。なお、小口現金係は、定額資金前渡制（インプレスト・システム）により、毎週金曜日の終業時にその週の支払いを報告し、資金の補給を受けている。

10月23日（火）　プリンター用紙代　　¥1,500
　　23日（火）　接待用菓子代　　　　¥2,630
　　24日（水）　タクシー代　　　　　¥3,600
　　24日（水）　郵便切手代　　　　　¥4,800
　　25日（木）　書類ファイル代　　　¥1,650

小 口 現 金 出 納 帳

受　入	令和×5年		摘　　要	支　払	内　訳				残　高
					通信費	交通費	消耗品費	雑　費	
25,000	10	22	前 週 繰 越						25,000
			合　　計						
		26	本 日 補 給						
		〃	次 週 繰 越						
	10	29	前 週 繰 越						

4-2 商品有高帳

　商品有高帳とは、取り扱っている商品ごとにつくられる補助簿のことです。商品の受入れ（仕入）、払い出し（売上）のたび、その明細を記録して残高を明らかにします。全経3級 商業簿記では、記録の方法として「先入先出法（First in First out）」を学びます。

　商品有高帳は、次のように記入します。

> ❶ 商品を仕入れたときは「受入」欄に記入。
> ❷ 商品を払い出したときは「払出」欄に**原価**（購入した価額）で記入。
> ❸ 在庫品の有高を「残高」欄に記入。
> ❹「摘要」欄は、「仕入」や「売上」と記入（問題の指示で商店名を置くこともある）

　先入先出法による商品有高帳の記帳では、単価の異なる商品は2行に分けて記入し、数量の前に〝{〟をつけます。そして、先に仕入れた商品（「残高」欄の上）から順に払い出します。

【商品有高帳の記入例】

6月2日　　新橋商店からS商品を単価￥110で100個を仕入れ、代金は掛とした。
　18日　　品川商店にS商品を単価￥220で110個を売り渡し、代金は掛とした。
　24日　　新橋商店からS商品を単価￥120で100個を仕入れ、代金は掛とした。

商 品 有 高 帳

先入先出法　　　　　　　　　　　　　　　S商品

令和○年		摘　要	受　入			払　出			残　高		
			数量	単価	金　額	数量	単価	金　額	数量	単価	金　額
6	1	前 月 繰 越	80	100	8,000				80	100	8,000

商 品 有 高 帳

先入先出法　　　　　　　　　　　　　　　S商品

令和○年		摘　要	受　入			払　出			残　高		
			数量	単価	金　額	数量	単価	金　額	数量	単価	金　額
6	1	前 月 繰 越	80	100	8,000				80	100	8,000
	2	仕　　入	100	110	11,000				{ 80	100	8,000
									100	110	11,000
	18	売　　上				{ 80	100	8,000	70	110	7,700
						30	110	3,300			
	24	仕　　入	100	120	12,000				{ 70	110	7,700
									100	120	12,000

> 単価の異なるものは2行に分けて、〝{〟をつける。

> 先に@￥100の商品を払い出す。〝{〟も忘れずに。

> 単価の異なる商品を仕入れたので2行に分けて、〝{〟をつける。

先入先出法は、先に仕入れた商品から先に払い出す、とみなして記入していきます。

6月2日　前月繰越分の¥100と単価が異なる商品を仕入れたので、2行に区別して記入します。

　18日　売り渡した数量は、110個です。先入先出法では、先に仕入れたものから順に払い出すとみなすので、まず前月繰越分（単価¥100）の商品を80個払い出し、つづいて2日に仕入れた単価¥110の商品を30個（110個－80個）払い出すものとします。

　24日　残高の¥110と異なる単価の商品@¥120を仕入れたので、2行に区別して記入します。

　また、検定試験で出題される商品有高帳の記入問題には、記帳と同時にその商品の商品販売益（売上総利益、粗利益とも呼びます）を算出させることがあります。

　商品販売益は、次のように算出します。

1．問題文から、その商品の売上高を算出する。
　　【商品有高帳の記入例】だと6月18日の売上¥24,200（¥220×110個）。

2．商品有高帳に記入した、「摘要」欄に「売上」と記入した日の「払出」欄の金額から売上原価を算出。
　　【商品有高帳の記入例】だと6月18日の払出欄の合計¥11,300（¥8,000＋¥3,300）。

3．売上高（1．）－売上原価（2．）＝商品販売益（粗利益）を算出。
　　【商品有高帳の記入例】だと¥24,200－¥11,300＝¥12,900　となる。

なお、単価については金額に「@」をつけて表す場合もあります。

単価¥100　→　@¥100

答え ➡ 別冊 P.24〜25

第1問 A商品の仕入と払出の記録にもとづいて、商品有高帳を記入するとともに、当月のA商品の商品販売益（粗利）を計算しなさい。なお、商品の払出単価の決定は先入先出法によっており、商品有高帳は月末に締め切ること。

6月1日　前月繰越　150個　@350円

　　7日　千葉商店よりA商品を@330円で500個仕入れ、代金は掛とした。

　　13日　静岡商店へA商品を@600円で450個売り渡し、代金は掛とした。

　　20日　東京商店よりA商品を@340円で600個仕入れ、代金は掛とした。

　　25日　山梨商店へA商品を@620円で700個売り渡し、代金は掛とした。

商 品 有 高 帳

A商品

令和×5年		摘　要	受　入			払　出			残　高		
			数量	単価	金　額	数量	単価	金　額	数量	単価	金　額
6	1	前月繰越	150	350	52,500				150	350	52,500
	30	次月繰越									
7	1	前月繰越									

商品販売益（粗利）¥＿＿＿＿＿＿＿＿＿＿

第2問 X商品の仕入と払出の記録にもとづいて、商品有高帳に記入しなさい。なお、商品の払出単価の決定は先入先出法によっており、商品有高帳は月末に締め切ること。

5月1日　前月繰越　100個　@¥600
　　7日　岐阜商事㈱よりX商品を@¥650で400個仕入れ、代金は掛とした。
　　13日　愛媛興業㈱へX商品を@¥1,000で400個売り渡し、代金は掛とした。
　　21日　福井産業㈱よりX商品を@¥670で300個仕入れ、代金は掛とした。
　　26日　高松商会㈱へX商品を@¥1,050で350個売り渡し、代金は掛とした。

商 品 有 高 帳

X商品

令和×5年		摘　要	受　入			払　出			残　高		
			数量	単価	金　額	数量	単価	金　額	数量	単価	金　額
5	1	前月繰越	100	600	60,000				100	600	60,000
	31	次月繰越									
6	1	前月繰越									

第3問 G商品の仕入と払出の記録にもとづいて、商品有高帳に記入しなさい。なお、商品の払出単価の決定は先入先出法によっており、商品有高帳は月末に締め切ること。

1月1日　前月繰越　300個　@￥250

　　8日　水戸商事㈱よりG商品を@￥270で800個仕入れ、代金は掛とした。

　　12日　高崎紹介㈱へG商品を@￥500で600個売り渡し、代金は掛とした。

　　22日　宇都宮産業㈱よりG商品を@￥290で700個仕入れ、代金は掛とした。

　　25日　軽井沢興業㈱へG商品を@￥550で650個売り渡し、代金は掛とした。

商 品 有 高 帳
G商品

令和×5年		摘　要	受　入			払　出			残　高		
			数量	単価	金　額	数量	単価	金　額	数量	単価	金　額
1	1	前月繰越	300	250	75,000				300	250	75,000
	8	水戸商事	800	270	216,000				300	250	75,000
									800	270	216,000
	12	高崎紹介				300	250	75,000			
						300	270	81,000	500	270	135,000
	22	宇都宮産業	700	290	203,000				500	270	135,000
									700	290	203,000
	25	軽井沢興業				500	270	135,000			
						150	290	43,500	550	290	159,500
	31	次月繰越				550	290	159,500			
			1,800		494,000	1,800		494,000			
2	1	前月繰越	550	290	159,500				550	290	159,500

　仕入帳とは、仕入取引の明細を発生した順に記録するための補助簿です。対する売上帳は、売上取引の明細を発生した順に記録するための補助簿のことです。それぞれ次のように記入します。

　1．「日付」順に取引の日付を記入
　2．「摘要」欄に取引先・商品名・支払方法・数量・単価などを記入
　3．「金額」欄に金額を記入

　また、仕入帳と対応する補助簿には仕入先元帳（買掛金元帳）、売上帳に対応する補助簿には得意先元帳（売掛金元帳）があります。これらの補助簿は仕入先別の買掛金や得意先別の売掛金を把握するためのもので、次のように記入します。

　1．「日付」欄に取引の日付を記入
　2．「摘要」欄に取引の内容を簡単に記入
　3．仕入先元帳（買掛金元帳）の場合、貸方に増加取引、借方に減少取引の金額を記入。
　　　得意先元帳（売掛金元帳）の場合、借方に増加取引、貸方に減少取引の金額を記入。
　4．「残高」欄に金額の残高を記入。

【仕入帳との記入例】
　令和○年9月3日　品川商店からA商品100個を単価￥2,000で仕入れ、代金は掛とした。

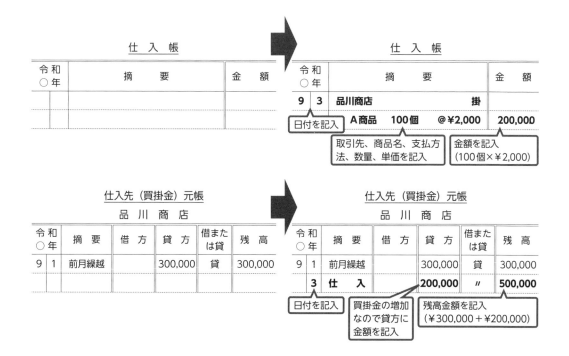

【売上帳の記入例】

　令和○年10月2日　目黒商店に、A商品100個を単価￥2,000で売り渡し、代金は掛とした。

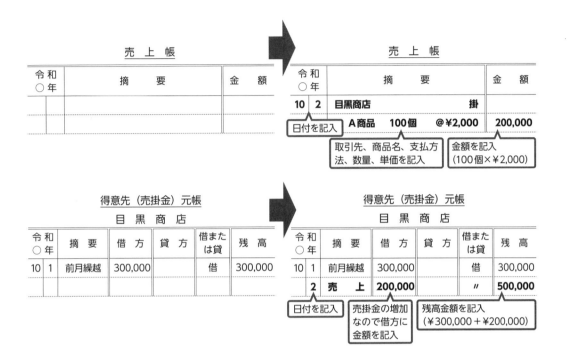

この問題（売上帳の記入例）の取引の仕訳を示すと、次のようになります。

借　　方		貸　　方	
売　掛　金	200,000	売　　　上	200,000

　なお、本項の内容は検定試験の出題範囲ではあるものの、第188回（2017年11月）を最後に、2023年11月まで出題がありませんでした。しかし、実務や全経2級商業簿記以上では必要になってくる知識です。記入の仕方を含めて、しっかりと理解しておきましょう。

第1問 次の取引を売上帳および得意先（売掛金）元帳に記入しなさい。なお、得意先（売掛金）元帳は月末に締め切ること。

令和×5年1月10日　　九州商事㈱へB商品800個を単価￥500で販売し、代金は掛とした。

令和×5年1月25日　　九州商事㈱に対する売掛金について、同店振出の小切手￥300,000を受け取った。

売　上　帳

令和×5年		摘　　要	金　額

得意先（売掛金）元帳
九州商事㈱

令和×5年		摘　要	借　方	貸　方	借または貸	残　高
1	1	前月繰越	150,000		借	150,000
	31	次月繰越				
2	1	前月繰越				

第2問 次の取引を売上帳および得意先（売掛金）元帳に記入しなさい。なお、各帳簿とも締め切る必要はない。

令和×5年2月 7 日　　香住商事㈱にA商品50個を単価￥20,000で売上げ、代金は掛とした。
令和×5年2月15日　　香住商事㈱に対する売掛金の回収として、同店振出の小切手￥600,000を受け取った。

売　上　帳

令和×5年		摘　　　要	金　額

得意先（売掛金）元帳
香住商事㈱

令和×5年		摘　要	借　方	貸　方	借または貸	残　高
2	1	前月繰越	200,000		借	200,000

第3問 次の取引を仕入帳および仕入先（買掛金）元帳に記入しなさい。なお、仕入先（買掛金）元帳は月末に締め切ること。

令和×5年10月20日　福岡商事㈱からC商品600個を単価¥350で仕入れ、代金は掛とした。
令和×5年10月25日　福岡商事㈱に対する買掛金の支払のために、小切手¥100,000を振り出して支払った。

仕　入　帳

令和×5年		摘　　要	金　　額

仕　入　先　（買　掛　金）　元　帳
福　岡　商　事　㈱

令和×5年		摘　要	借　方	貸　方	借または貸	残　高
10	1	前月繰越		100,000	貸	100,000
	30	次月繰越				
11	1	前月繰越				

第4問 次の取引を仕入帳および仕入先（買掛金）元帳に記入しなさい。なお、各帳簿とも締め切る必要はない。

令和×5年6月20日　宮城商事㈱からB商品800個を単価￥500で仕入れ、代金は掛とした。
令和×5年6月25日　宮城商事㈱に対する買掛金の支払のために、小切手￥200,000を振り出して支払った。

仕　入　帳

令和×5年		摘　　要	金　額

仕　入　先　（買　掛　金）　元　帳
宮　城　商　事　㈱

令和×5年		摘　要	借　方	貸　方	借または貸	残　高
6	1	前月繰越		200,000	貸	200,000

現金出納帳／当座預金出納帳／固定資産台帳

全経3級商業簿記には、出題範囲となっているものの、これまで検定試験で出題されたことのない3つの帳簿（補助簿）を簡単に紹介します。簿記をさらに学習していくと、実務や各種検定試験で問われることも増えてくるため、理解しておくと今後の学習が楽になります。

本書では、全経3級商業簿記で仮に出題された場合を想定した例題を、以下に収録しています。あくまで紹介のため、解答済の状態で掲載しています（解答用紙ダウンロードサービスには対応）。

現金出納帳	… 企業の現金の出納（出入りのこと）について記録する帳簿。
当座預金出納帳	… 企業の当座預金の出納について記録する帳簿。
固定資産台帳	… 企業が所有する固定資産について記録する帳簿。

① 現金出納帳・当座預金出納帳の例題

例題は現金出納帳ですが、当座預金出納帳は現金が当座預金に変化しただけで、記入の仕方は同じです。

演習問題

令和×5年1月1日　前月繰越　¥150,000

5日　東京商事㈱より商品¥50,000を仕入れ、代金は現金で支払った。

7日　神奈川興業㈱へ商品¥250,000を売上げ、代金は先方振出の小切手で受け取った。

15日　埼玉産業㈱より商品¥300,000を仕入れ、代金は現金で支払った。

18日　千葉銀行の普通預金口座より、現金¥500,000を引き出した。

20日　従業員に対し、今月分の給料¥280,000を現金で支払った。

25日　今月分の水道光熱費¥70,000を現金で支払った。

現 金 出 納 帳

令和×5年		勘定科目	摘要	借方	貸方	残高
1	1	前月繰越	前月からの繰越金	150,000		150,000
	5	仕入	東京商事より仕入		50,000	100,000
	7	売上	神奈川興業より小切手受取	250,000		350,000
	15	仕入	埼玉産業より仕入		300,000	50,000
	18	普通預金	千葉銀行より引出	500,000		550,000
	20	給料	今月分の給料支払い		280,000	270,000
	25	水道光熱費	今月分支払い		70,000	200,000

② 固定資産台帳の例題

固定資産台帳に関する出題があるとすれば、ほぼ減価償却（⇒P.68）について問われることになります。計算できるようにしておきましょう。

演習問題

当社は決算（×9年3月31日）に際し、次の固定資産台帳を作成すると共に、固定資産の減価償却を行った。減価償却に関する仕訳を解答欄に記入しなさい。なお、各固定資産の残存価額はゼロ、減価償却についての記帳方法は直接法によっている。

固定資産台帳

取得日	名称	期末数量	償却方法	耐用年数	取得原価	既減価償却額	差引期首帳簿価額	当期減価償却費	期末帳簿価額
×7/4/1	建物	1	定額法	30年	1,200,000	40,000	1,160,000	?	?
×8/4/1	備品	10	定額法	5年	600,000	ー	600,000	?	?

借　方	金　額	貸　方	金　額
減価償却費	160,000	建物	40,000
		備品	120,000

1,200,00÷30

600,000÷5

③ 固定資産台帳の補助簿・総勘定元帳関連での例題

固定資産台帳については、総勘定元帳（Tフォーム）への転記や、逆に総勘定元帳の内容から固定資産台帳に記帳する問題も想定されます。

演習問題

第1問 次の固定資産台帳に基づき、解答用紙の総勘定元帳に転記しなさい。なお、各固定資産の残存価額はゼロ、減価償却についての記帳方法は直接法によっている。

固定資産台帳

取得日	名称	期末数量	償却方法	耐用年数	取得原価	既減価償却額	差引期首帳簿価額	当期減価償却費	期末帳簿価額
×4/4/1	建物	2	定額法	25年	2,000,000	80,000	1,920,000	?	?
×5/4/1	備品	5	定額法	3年	900,000	ー	900,000	?	?

第4章 帳簿と証ひょう

総勘定元帳

勘定科目の相手が2つ以上あるとき

減価償却費

×6/3/31 (諸□)	(380,000)		

建　　物

×5/4/1 (前期繰越)	(1,920,000)	×6/3/31 (減価償却費)	(80,000)

2,000,000 ÷ 25

備　　品

×5/4/1　未　払　金	(900,000)	×6/3/31 (減価償却費)	(300,000)

900,000 ÷ 3

第2問　次の総勘定元帳の記入に基づき、解答用紙の固定資産台帳の（　）に適切な数字を記入しなさい。なお、各固定資産の残存価額はゼロ、減価償却についての記帳方法は直接法によっている。

総勘定元帳

減価償却費

×3/3/31　諸　　□	260,000	

建　　物

×2/4/1　前期繰越	1,450,000	×3/3/31　減価償却費	50,000

備　　品

×2/4/1　未　払　金	1,050,000	×3/3/31　減価償却費	210,000

固定資産台帳

取得日	名称	期末数量	償却方法	耐用年数	取得原価	既減価償却額	差引期首帳簿価額	当期減価償却費	期末帳簿価額
×1/4/1	建物	2	定額法	30年	(1,500,000)	(50,000)	(1,450,000)	(50,000)	(1,400,000)
×2/4/1	備品	100	定額法	5年	(1,050,000)	—	(1,050,000)	(210,000)	(840,000)

逆算する

当期と同じになる

4-5 仕訳帳と総勘定元帳

　仕訳帳とは、簿記上の取引を記録する際に使用する主要簿の一つで、名前の通り、仕訳を記録するために使用します。

　また、総勘定元帳も主要簿の一つです。形は現金出納帳に似ており、実務では『残高式』がよく使用されています。

　全経3級商業簿記では、これまで出題されたことはないものの、一つ下のランクである基礎簿記会計では出題範囲となっています。

　なお、別の検定ですが、全経計算実務検定3級では、この2つの主要簿が出題されており、簿記を学ぶ者として、知っておいて損はないでしょう。

【仕訳帳の記入の仕方】

【総勘定元帳の記入の仕方】

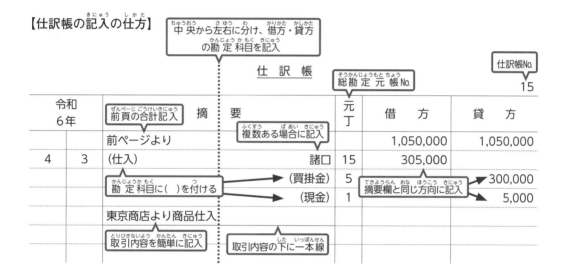

答え ➡ 別冊 P.28 〜 30

次の取引を主要簿である仕訳帳と総勘定元帳に転記しなさい。

4 月 2 日　東京銀行の普通預金口座より、現金 ¥500,000 を引き出した。

4 月 3 日　大阪商店より商品 ¥700,000 を仕入れ、代金のうち ¥400,000 は現金で支払い、残額は掛とした。

4 月 6 日　名古屋商店へ商品 ¥1,500,000 を売り渡し、代金のうち ¥820,000 は小切手で受け取り、残額は掛とした。

4 月 10 日　今月分の水道代 ¥15,000 が普通預金口座から引き落とされた。

4 月 12 日　郵便局より収入印紙 ¥5,000 分を現金で購入した。

仕 訳 帳

3

令和6年	摘　　要	元丁	借　　方	貸　　方

総 勘 定 元 帳

現　金

1

R6年 月 日		摘　　　要	仕 丁	借　方	貸　方	借 貸	差引残高
4	1	前期繰越	✓	250,000		借	250,000

普 通 預 金

2

R6年 月 日		摘　　　要	仕 丁	借　方	貸　方	借 貸	差引残高
4	1	前期繰越	✓	2,000,000		借	2,000,000

売 掛 金

5

R6年 月 日		摘　　　要	仕 丁	借　方	貸　方	借 貸	差引残高
4	1	前期繰越	✓	1,200,000		借	1.200,000

買 掛 金

１０

R6年 月 日		摘　　　要	仕 丁	借　方	貸　方	借 貸	差引残高
4	1	前期繰越	✓		950,000	貸	950,000

売　　　上

２０

R6年 月　日	摘　　　要	仕丁	借　　方	貸　　方	借貸	差引残高

仕　　　入

３０

R6年 月　日	摘　　　要	仕丁	借　　方	貸　　方	借貸	差引残高

水　道　光　熱　費

３５

R6年 月　日	摘　　　要	仕丁	借　　方	貸　　方	借貸	差引残高

租　税　公　課

４０

R6年 月　日	摘　　　要	仕丁	借　　方	貸　　方	借貸	差引残高

証ひょう

① 証ひょうは取引の証明書

　証ひょうとは、領収書・売上伝票・納品書など、取引成立を証明するための書類のことです。日本の法律では、会社で5～10年間の保存期間が決められていて、これを守らないと税金の計算で優遇されないなど、会社の不利益になることが多くなります。そのため、証ひょうの保存と管理は、会社にとってとても大切です。

　全経3級商業簿記では、証ひょうにもとづいた仕訳の問題が出題されたことがあります。また、他の簿記検定では、常に証ひょうにもとづいた仕訳の問題が出題されています。

　本項では、証ひょうにもとづいた仕訳の処理の仕方について学びます。

② 代表的な「領収書（レシート）」

　領収書とは、商品などを販売する会社が、購入する人や会社に対して、代金を受け取ったことを証明するために発行する書類です。

　受け取った会社は、この領収書にもとづいて費用や備品などの勘定科目を計上します。

領収書		No.00123
		2024年2月25日
ベンチャー株式会社　御中		
¥11,000-		
但し、**コピー用紙代**として上記正に領収いたしました。		
		株式会社大和事務機
		神奈川県大和市中央1-1-X
内訳		046-261-XXXX
税抜金額　¥10,000		
消費税額　¥1,000	代表取締役社長　大和　太郎　印	

　領収書では、「但し、●●●代として」とある『但し書き』が大切で、この部分でどの費用で計上するかを考えます。

　上の領収書だと、但し書きに「コピー用紙代」とありますから、次のような仕訳となります。

借　　方	金　　額	貸　　方	金　　額
消耗品費	11,000	現金・普通預金等	11,000

　また、郵便局（日本郵便株式会社）から発行された、レシート型の領収書は、宛名の下に印字されている購入内容によって仕訳の処理をします。

演 習 問 題

次の取引の仕訳を記入しなさい。ただし、勘定科目は次の中から最も正しいものを選択すること。

現　　金　　普通預金　　消耗品費　　雑費　　通信費　　租税公課

1. 先方からの請求にもとづいて¥11,000を現金で支払い、支払い先から以下の領収書を受け取った。

領収書	No.001XX
	2024年2月XX日

ベンチャー株式会社　御中

￥11,000-

但し、プリンタートナー代として上記正に領収いたしました。

株式会社大和事務機
神奈川県大和市中央1-1-X
046-261-XXXX

内訳
税抜金額　¥10,000
消費税額　¥1,000　　　代表取締役社長　大和　太郎　印

2. 先方からの請求にもとづいて¥8,640を現金で支払い、支払先から以下の領収書を受け取った。

領収書	No.001XX
	2024年2月XX日

ベンチャー株式会社　御中

￥8,640-

但し、新聞定期購読代として上記正に領収いたしました。

株式会社大和新聞
神奈川県大和市東1-1-X
046-260-XXXX

内訳
税抜金額　¥8,000
消費税額　¥640　　　代表取締役社長　神奈川　二郎　印

3. 先方からの請求にもとづいて¥12,100が普通預金から引き落とされ、以下の領収書を受け取った。

領収書	No.001XX
	2024年2月XX日

ベンチャー株式会社　御中

￥12,100-

但し、ごみ処理代として上記正に領収いたしました。

株式会社神奈川クリーンサービス
神奈川県大和市南1-1-X
046-269-XXXX

内訳
税抜金額　¥11,000
消費税額　¥1,100　　　代表取締役社長　茅ヶ崎　三郎　印

4．郵便局において収入印紙を購入し、代金は現金で支払うと共に、右の領収書を受け取った。

```
          領収書

ベンチャー株式会社　　様

［販売］
200円収入印紙
200円　25枚　　　　￥5,000
小　計　　　　　　　￥5,000
課税計　　　　　　　　　￥0
（内消費税等　　　　　　￥0）
非課税計　　　　　　￥5,000
合計　　　　　　　　￥5,000
お預り金額　　　　　　5,000

収入印紙の買戻しや汚染・毀損
した場合の交換はできませんの
でご注意ください。

〒100-XXXX 日本郵便株式会社
```

第4章　帳簿と証ひょう

5．郵便局において郵便切手とレターパックを購入し代金は現金で支払うと共に、右の領収書を受け取った。

```
          領収書

ベンチャー株式会社　　様

［販売］
84円普通切手
84円　100枚　　　￥8,400
レターパックライト(370円)
370円　50枚　　　￥18,500
小　計　　　　　￥26,900
課税計　　　　　　　　￥0
（内消費税等　　　　　￥0）
非課税計　　　　　￥26,900
合計　　　　　　　￥26,900
お預り金額　　　　￥26,900

〒100-XXXX 日本郵便株式会社
```

	借　方	金　額	貸　方	金　額
1				
2				
3				
4				
5				

③ 売上伝票・納品書

売上伝票・納品書とは、商品売買を行う際に取り交わされる証ひょうで、様式がほぼ同じことから、売上伝票・カーボン紙（上の紙に記入した文字を、下の紙にコピーするための用紙）・納品書がセットになっていて、売上伝票を記入後、下にある納品書を切り離し、商品と一緒に発送するという形で使用されてきました。

近年は、パソコンで作成した売上伝票・納品書をプリントアウトして使用したり、Eメールで送受信することも増えてきました。また、2022年1月からスタートした改正電子帳簿保存法により、インターネット上の取引で、電子データ（PDFファイル等）で受領した証ひょう類は、電子データのまま保存することが義務付けられました。

会社は、「売上伝票」等から売上を、「納品書」等から仕入を計上します。

また、仕訳で使用する金額は「合計」欄が基本となりますが、税抜経理方式で処理をする場合は、税抜額と消費税額の欄を使用することになります。

売上伝票（納品書（控）） 売上日　2024年2月25日				東京都中央区日本橋2-7-1 株式会社ベンチャー 03-6362-XXXX		
株式会社●●　　　御中						
商品CD/商品名	数量	単位	単　価	金　額	備　考
A-123　高性能電卓	10箱	1箱	@¥10,000	¥100,000	
B-345　システム手帳	100冊	1冊	@¥2,000	¥200,000	
C-551　書籍棚	20台	1台	@¥50,000	¥100,000	
以下余白					
税抜額	¥400,000	消費税額	¥40,000	合　計	¥440,000

例えば、上の売上伝票（納品書（控））の場合、通常通り（税込）で処理をすると…

借　　方	金　額	貸　　方	金　　額
売掛金※	440,000	売上	440,000

※日本では通常、店舗間の取引は信用取引（掛取引）となる

となり、税抜経理方式で処理をすると…

借　　方	金　額	貸　　方	金　　額
売掛金	440,000	売上 仮受消費税	400,000 40,000

となります。

納品書の場合も同様で、仕入・買掛金・仮払消費税（税抜の場合）を使用して処理をします。

演習問題

答え ➡ 別冊P.30

　次の取引の仕訳を記入しなさい。ただし、勘定科目は次の中から最も正しいものを選択すること。

現金　当座預金　普通預金　売掛金　仮払消費税　買掛金　仮受消費税　売上　仕入

1．北海道商店より商品を仕入れ、代金は掛とし、次の納品書を受け取った。

納品書
　　　　2024年2月ＸＸ日

株式会社ベンチャー　　　御中

札幌市中央区北3条西6
北海道商店
011-231-XXXX

毎度ご愛顧を賜り、誠にありがとうございます

商品CD/商品名	数量	単位	単　価	金　額	備　考
A-123　高性能電卓	300箱	1箱	@¥5,000	¥1,500,000	
B-345　システム手帳	100冊	1冊	@¥1,000	¥100,000	
C-551　書籍棚	100台	1台	@¥25,000	¥2,500,000	
以下余白					
税抜額　　¥4,100,000	消費税額		¥410,000	合　計	¥4,510,000

2．青森商店へ商品を売り渡し、代金は掛とし、次の売上伝票を作成した。

売上伝票（納品書（控））
売上日　2024年2月ＸＸ日

青森商店　　　　御中

東京都中央区日本橋2-7-1
株式会社ベンチャー
03-6362-XXXX

商品CD/商品名	数量	単位	単　価	金　額	備　考
A-123　高性能電卓	250箱	1箱	@¥10,000	¥2,500,000	
以下余白					
税抜額　　¥2,500,000	消費税額		¥250,000	合　計	¥2,750,000

3. 岩手商店より商品を購入し、代金のうち¥534,000は小切手を振り出して支払い、残額は掛とし、次の納品書を受け取った。尚、税抜経理方式で処理する。

納品書 2024年2月ＸＸ日 株式会社ベンチャー　御中						盛岡市内丸10-1 岩手商店 019-629-XXXX
毎度ご愛顧を賜り、誠にありがとうございます						
商品CD／商品名	数量	単位	単　価	金　額	備　考	
A-123　高性能電卓	100箱	1箱	@¥3,000	¥300,000		
B-345　システム手帳	50冊	1冊	@¥800	¥40,000		
C-551　書籍棚	30台	1台	@¥20,000	¥600,000		
以下余白						
税抜額　¥940,000	消費税額		¥94,000	合　計	¥1,034,000	

4. 秋田商店に対し商品を売り上げ、代金のうち¥610,000は普通預金に振り込まれ、残額は掛とし、次の売上伝票を作成した。尚、税抜経理方式で処理する。

売上伝票（納品書（控）） 売上日　2024年2月ＸＸ日 秋田商店　御中						東京都中央区日本橋2-7-1 株式会社ベンチャー 03-6362-XXXX
商品CD／商品名	数量	単位	単　価	金　額	備　考	
A-123　高性能電卓	50箱	1箱	@¥10,000	¥500,000		
B-345　システム手帳	50冊	1冊	@¥2,000	¥100,000		
C-551　書籍棚	10台	1台	@¥50,000	¥500,000		
以下余白						
税抜額　¥1,100,000	消費税額		¥110,000	合　計	¥1,210,000	

	借　方	金　額	貸　方	金　額
1				
2				
3				
4				

第 **5** 章
模擬試験問題

この章には、本番とほぼ同じ形式の模擬試験問題が3回分収録されています。全経協会発行の過去問題集とともにこの問題を解き、万全の態勢で検定試験に臨みましょう!!

模擬試験問題 ▶ 1

第1問 次の取引を仕訳しなさい。ただし、勘定科目は、次の中から最も適切と思われるものを選ぶこと。なお、とくに指示がない限り、消費税の会計処理は考慮しなくてよい（28点）

現　　　　金	当 座 預 金	普 通 預 金	定 期 預 金
売 　掛　 金	有 価 証 券	未 　収 　金	支 払 手 付 金
仮 払 消 費 税	仮 　払　 金	備 　　　品	車 両 運 搬 具
買 　掛 　金	貸 倒 引 当 金	仮 受 消 費 税	所 得 税 預 り 金
未 　払 　金	仮 　受 　金	資 　本 　金	繰 越 利 益 剰 余 金
売 　　　上	雑 　　　益	仕 　　　入	給 　　　料
交 　通 　費	消 耗 品 費	貸 倒 損 失	損 　　　益

1. 株式会社設立に際し、株式4,000株を@¥700で発行し、全額が普通預金口座に払い込まれた。

2. かねて北海道株式会社に掛で販売していた商品¥1,500,000のうち¥100,000が返品されてきた。

3. 従業員への給料¥2,000,000の支払いに際し、所得税の源泉徴収額¥170,000を差し引き、普通預金口座から口座振込で支払った。

4. 近江産業株式会社へB商品¥4,000,000を販売し、代金は近江産業株式会社振出の小切手で受け取った。

5. 東商事株式会社よりC商品¥3,300,000（うち消費税額¥300,000）を仕入れ、代金のうち¥1,000,000は以前支払っていた手付金を充当し、残額は掛とした。なお、消費税を税抜方式で処理する。

6. 九州興業株式会社の株式を¥7,210,000で購入し、代金は、証券会社への手数料¥40,000とともに後日支払うこととした。

7. 商品運送用のトラック¥5,000,000を購入し、その代金は諸費用¥350,000とともに小切手を振り出して支払った。

8. 先方からの請求に基づいて現金¥55,000を支払い、次の領収書を受け取った。

領収書	2024年2月XX日
全経株式会社　御中	
¥55,000-	
但し、コピー用紙代として上記正に領収いたしました。	
（内訳）税抜金額　¥50,000　　株式会社大和紙業　神奈川県大和市中央1-1-X	
消費税額　¥5,000　　代表取締役社長　大和　太郎　印	

▼ **解答欄**（4点×8問＝32点）

	借　　方	金　　額	貸　　方	金　　額
1				
2				
3				
4				
5				
6				
7				
8				

第2問 次の資料によって、（ア）期首純資産（期首資本）・（イ）当期純利益・（ウ）期末純資産（期末資本）の各金額を求めなさい。なお、当期中に損益取引以外の取引により生じた純資産の変動はなく、空欄は各自求めること（12点）

期首貸借対照表

資　　産	20,000,000	負　　債	10,500,000
		純資産（資本）	（ア　　　　）
（　　　　）		（　　　　）	

損 益 計 算 書

費　　用	13,150,000	収　　益	14,980,000
当期純利益	（イ　　　　）		
（　　　　）		（　　　　）	

期末貸借対照表

資　　産	（　　　　）	負　　債	（　　　　）
		純資産（資本）	（ウ　　　　）
（　　　　）		（　　　　）	

▼ **解答欄**（4点×3問＝12点）

（ア）	¥	（イ）	¥	（ウ）	¥

第3問 次の仕訳をもとに、仕訳の対象となった取引あるいは決算手続きの内容として最も適切なものを1つ選び、番号を記入しなさい。（12点）

（1）

借方科目	金　　額	貸方科目	金　　額
前受金	50,000	売上	250,000
当座預金	200,000		

1．商品¥250,000を売り渡し、代金のうち¥50,000は後日受け取ることとし、残額は小切手で受け取った。

2．商品¥250,000を売り渡し、代金のうち¥50,000は掛とし、残額は小切手で受け取りただちに当座預金預け入れた。

3．商品¥250,000を売り渡し、代金のうち¥50,000は受け取っていた手付金を充当し、残額は小切手で受け取った。

4．商品￥250,000を売り渡し、代金のうち￥50,000は受け取っていた内金を充当し、残額は現金で受け取りただちに当座預金に預け入れた。

（2）

借方科目	金　額	貸方科目	金　額
旅費交通費	51,000	仮払金 現金	50,000 1,000

1．出張中の従業員が帰社し、仮払していた出張旅費￥50,000について精算を行い、不足額￥1,000を現金で支払った。
2．出張中の従業員が帰社し、仮払していた出張旅費￥50,000について精算を行い、過剰額￥1,000を現金で受け取った。
3．出張中の従業員が帰社し、仮受していた出張旅費￥50,000について精算を行い、不足額￥1,000を現金で支払った。
4．出張中の従業員が帰社し、仮受していた出張旅費￥50,000について精算を行い、過剰額￥1,000を現金で受け取った。

（3）

借方科目	金　額	貸方科目	金　額
貸倒引当金繰入	10,000	貸倒引当金	10,000

1．決算に際し、売上債権￥500,000に対して2%の貸し倒れを見積もる。尚、貸倒引当金の残高が￥5,000ある。
2．決算に際し、売掛金￥700,000に対して2%の貸し倒れを見積もる。尚、貸倒引当金の残高が￥5,000ある。
3．決算に際し、売上債権￥900,000に対して2.5%の貸し倒れを見積もる。尚、貸倒引当金の残高が￥13,500ある。
4．決算に際し、売掛金￥1,200,000に対して3%の貸し倒れを見積もる。尚、貸倒引当金の残高が￥26,000ある。

▼ **解答欄**（4点×3＝12点）

(1)	(2)	(3)

第4問 C商品の仕入と払出の記録にもとづいて、商品有高帳に記入しなさい。なお、商品の払出単価の決定は先入先出法によっており、商品有高帳は月末に締め切ること。(12点)

【C商品の仕入と払出の記録】

1月 1日　前月繰越：C商品200個　@￥250

　　 6日　柏木商事㈱よりC商品を@￥300で800個仕入れ、代金は掛とした。

　　13日　彦根商会㈱へC商品を@￥520で700個売り渡し、代金は掛とした。

　　20日　松原商会㈱よりC商品を@￥320で600個仕入れ、代金は掛とした。

　　26日　伊東商事㈱へC商品を@￥550で750個売り渡し、代金は掛とした。

▼ **解答欄** (4点×3問＝12点)

商 品 有 高 帳

C商品

令和×4年		摘　要	受　入			払　出			残　高		
			数量	単価	金　額	数量	単価	金　額	数量	単価	金　額
1	1	前月繰越	200	250	50,000				200	250	50,000
	31	次月繰越									
2	1	前月繰越									

第5問 決算にあたって修正すべき次の事項（決算整理事項）にもとづいて、株式会社東京スポーツ（会計期間は令和×3年4月1日〜令和×4年3月31日）の精算表を完成しなさい。(32点)

決算整理事項

1．期末商品棚卸高　￥704,000

2．貸倒引当金　　　売掛金残高の1.0%の貸し倒れを見積もる。差額補充法により処理する。

3．備品：減価償却　備品は、令和×3年4月1日に￥5,071,200で購入し直ちに使用に供したものである。定額法により減価償却費の計算を行い、直接法により記帳する。

　　　　　　　　　耐用年数は6年、残存価額はゼロと見積もられている。

4．現金過不足の残高は、通信費￥7,800の記帳漏れが原因であるため、適切に処理する。

5．広告費の前払高　￥129,600

6．給料の未払高　　￥192,000

▼ **解答欄**（4点×8問＝32点）

精 算 表

勘 定 科 目	残 高 試 算 表 借 方	残 高 試 算 表 貸 方	修 正 記 入 借 方	修 正 記 入 貸 方	損 益 計 算 書 借 方	損 益 計 算 書 貸 方	貸 借 対 照 表 借 方	貸 借 対 照 表 貸 方
現　　　金	1,345,600							
現 金 過 不 足	7,800							
当 座 預 金	1,508,000							
普 通 預 金	2,046,000							
売 　掛　 金	3,920,000							
貸 倒 引 当 金		19,200						
繰 越 商 品	616,000							
貸 　付　 金	958,000							
備 　　　品	5,071,200							
買 　掛　 金		1,628,000						
借 　入　 金		1,472,000						
資 　本　 金		7,200,000						
繰越利益剰余金		3,080,000						
売 　　　上		18,506,000						
受 取 利 息		43,400						
仕 　　　入	10,056,000							
給 　　　料	3,500,000							
広 　告　 費	604,000							
交 　通　 費	284,000							
通 　信　 費	500,000							
消 耗 品 費	308,000							
保 　険　 料	907,200							
水 道 光 熱 費	90,000							
租 税 公 課	142,000							
支 払 利 息	84,800							
	31,948,600	31,948,600						
貸倒引当金繰入								
減 価 償 却 費								
前 払 広 告 費								
未 払 給 料								
当 期 純 利 益								

模擬試験問題 ▶ 2

第1問 次の取引を仕訳しなさい。ただし、勘定科目は、次の中から最も適切と思われるものを選ぶこと。なお、とくに指示がない限り、消費税の会計処理は考慮しなくてよい（28点）

現　　　　金	当 座 預 金	普 通 預 金	売 　掛　 金
有 価 証 券	商　　　　品	支 払 手 付 金	貸 　付　 金
仮 払 消 費 税	買 　掛　 金	前 　受　 金	仮 受 消 費 税
所 得 税 預 り 金	未 　払　 金	仮 　受　 金	資 　本　 金
売　　　　上	受 取 利 息	仕　　　　入	売 上 原 価
租 税 公 課	支 払 利 息	有価証券売却損	貸 倒 引 当 金

1. 鳴門商事株式会社は、会社設立に際し、株式4,000株を1株につき￥22,500で発行し、全額の当座払い込みを受け、設立登記を完了した。

2. 株式会社間宮商事の株式を￥525,000で購入し、代金は当社の普通預金口座から支払った。

3. 仕入先谷合商店にA商品50個（原価@￥23,000）を発注し、その手付けとして現金￥80,000を支払った。

4. 前期に生じた関口工業株式会社に対する売掛金￥372,000が回収不能となり、全額貸倒引当金で充当する処理を行った。

5. 津軽産業株式会社にB商品100個（原価@￥900、売価@￥1,200）を販売し、代金のうち￥70,000は津軽産業株式会社振出の小切手で受け取り、残額は掛とした。ただし、当社は商品売買に関して、販売のつど売上原価勘定に振り替える方式で記帳している。

6. 固定資産税￥353,500が普通預金口座より引き落とされた。

7. 明石商店株式会社に現金￥8,500,000を貸し付け、借用証書を取り交わした。

▼ **解答欄**（4 点×7 問= 28 点）

	借　　方	金　　額	貸　　方	金　　額
1				
2				
3				
4				
5				
6				
7				

第2問 次の①の場合の（ア）と（イ）、②の場合の（ウ）と（エ）にあてはまる金額を計算しなさい。尚、②については、損益取引以外に純資産の変動はない。(16点)

	期首商品棚卸高	純仕入高	期末商品棚卸高	売上原価	純売上高	売上総利益
①	（ア）	13,363,000	254,000	（イ）	18,710,000	5,345,000
	期首資産	期首負債	期末純資産	総収益	総費用	当期純利益
②	21,081,500	（ウ）	18,954,000	7,630,000	5,422,500	（エ）

▼ **解答欄**（4点×4問＝16点）

(ア) ¥		(イ) ¥		(ウ) ¥		(エ) ¥	

第3問 次の仕訳をもとに、仕訳の対象となった取引あるいは決算手続きの内容として最も適切なものを1つ選び、番号を記入しなさい。(12点)

（1）

借方科目	金　額	貸方科目	金　額
仕入	200,000	前払金	120,000
仮払消費税	20,000	買掛金	100,000

1．商品￥220,000（税込）を仕入れ、代金のうち￥120,000は先に支払っていた手付金を充当し、残額は後日支払うこととした。尚、当社は税抜経理方式を採用しており、税率は10％である。

2．商品￥200,000（税込）を仕入れ、代金のうち￥120,000は先に支払っていた内金を充当し、残額は後日支払うこととした。尚、当社は税抜経理方式を採用しており、税率は10％である。

3．商品￥220,000（内、消費税￥20,000）を仕入れ、代金のうち￥100,000は先に支払っていた手付金を充当し、残額は掛とした。尚、当社は税抜経理方式を採用している。

4．商品￥200,000（内、消費税￥20,000）を仕入れ、代金のうち￥100,000は先に支払っていた内金を充当し、残額は後日支払うこととした。尚、当社は税抜経理方式を採用している。

（2）

借方科目	金　額	貸方科目	金　額
通信費	5,000	現金	5,000

1．収入印紙￥5,000分を購入し、代金は現金で支払った。

2．郵便切手￥5,000分を購入し、代金は現金で支払った。

3．収入印紙￥5,000分を購入し、代金は小切手を振り出して支払った。

4．郵便切手￥5,000分を購入し、代金は小切手を振り出して支払った。

（3）

借方科目	金　額	貸方科目	金　額
減価償却費	100,000	備品	100,000

1．決算に際し、前期首に購入した備品（取得価額￥500,000、期首帳簿価額￥400,000、耐用年数４年、残存価額０）について、定額法により計算し、直接法により記帳で減価償却を行った。

2．決算に際し、前期首に購入した備品（取得原価￥600,000、期首帳簿価額￥400,000、耐用年数５年、残存価額０）について、定額法により計算し、直接法により記帳で減価償却を行った。

3．決算に際し、期首に購入した備品￥600,000について、耐用年数４年、残存価額０、定額法により計算し、直接法により記帳で減価償却を行った。

4．決算に際し、期首に購入した備品￥300,000について、耐用年数3年、残存価額0、定額法により計算し、直接法により記帳で減価償却を行った。

▼ **解答欄**（4点× 3 ＝ 12点）

(1)	(2)	(3)

第4問 次の取引を小口現金出納帳に記入して締め切りなさい。なお、小口現金係は、定額資金前渡制（インプレスト・システム）により毎週金曜日の終業時にその週の支払いを報告し、資金の補給を受けている。（12点）

10月8日（火）	プリンター用紙代	¥2,500
8日（火）	接待用お土産代	¥9,400
9日（水）	タクシー代	¥4,700
10日（木）	スマートフォン通話料	¥8,900
10日（木）	高速バス代	¥6,900

▼ **解答欄**（4点×3問＝12点）

小 口 現 金 出 納 帳

受　入	令和 ×4年		摘　　要	支　払	内　　訳				残　高
					通信費	交通費	消耗品費	雑　費	
60,000	10	7	前 週 繰 越						60,000
			合　　計						
		11	本 日 補 給						
		〃	次 週 繰 越						
	10	14	前 週 繰 越						

第5問 決算にあたって修正すべき次の事項（決算整理事項）にもとづいて、株式会社名古屋農具販売（会計期間は令和×4年4月1日〜令和×5年1月31日）の精算表を完成しなさい。（32点）

決算整理事項

1．期末商品棚卸高　　　　¥325,000

2．貸倒引当金　　　　　　売掛金残高の3.0%の貸し倒れを見積もる。差額補充法により処理する。

3．備品：減価償却　　　　定額法により減価償却費の計算を行い、直接法により記帳する。なお、備品は当期首に取得したものであり、耐用年数は8年、残存価額はゼロと見積もられている。

4．消耗品の未使用高　¥22,500

5．給料の未払高　　　¥18,000

6．家賃の前払高　　　¥13,000

▼ **解答欄**（4点×8問＝32点）

精　算　表

勘 定 科 目	残 高 試 算 表 借　方	残 高 試 算 表 貸　方	修 正 記 入 借　方	修 正 記 入 貸　方	損 益 計 算 書 借　方	損 益 計 算 書 貸　方	貸 借 対 照 表 借　方	貸 借 対 照 表 貸　方
現　　　　金	313,500							
当 座 預 金	362,000							
普 通 預 金	194,000							
売 　掛 　金	325,000							
貸 倒 引 当 金		3,000						
繰 越 商 品	315,000							
貸 　付 　金	500,000							
備 　　　品	1,000,000							
買 　掛 　金		157,500						
借 　入 　金		325,000						
資 　本 　金		1,250,000						
繰越利益剰余金		250,000						
売 　　　上		8,080,000						
受 取 利 息		12,500						
仕 　　　入	5,340,000							
給 　　　料	1,055,000							
広 　告 　費	109,000							
交 　通 　費	61,500							
通 　信 　費	34,000							
消 耗 品 費	99,000							
支 払 家 賃	240,000							
水 道 光 熱 費	82,500							
租 税 公 課	41,000							
支 払 利 息	6,500							
	10,078,000	10,078,000						
貸倒引当金繰入								
減 価 償 却 費								
消 　耗 　品								
未 払 給 料								
前 払 家 賃								
当 期 純 利 益								

第1問 次の取引を仕訳しなさい。ただし、勘定科目は、次の中から最も適切と思われるものを選ぶこと。なお、とくに指示がない限り、消費税の会計処理は考慮しなくてよい (28点)

現　　　　金	小　口　現　金	当　座　預　金	普　通　預　金
売　　掛　　金	有　価　証　券	未　　収　　金	前　　払　　金
仮　払　消　費　税	仮　　払　　金	備　　　　品	車　両　運　搬　具
買　　掛　　金	貸　倒　引　当　金	仮　受　消　費　税	所　得　税　預　り　金
未　　払　　金	仮　　受　　金	資　　本　　金	繰　越　利　益　剰　余　金
売　　　　上	雑　　　　益	仕　　　　入	給　　　　料
旅　費　交　通　費	貸　倒　損　失	雑　　　　損	損　　　　益

1. 前期に生じた京浜物産株式会社に対する売掛金￥223,000が回収不能となり、全額貸倒引当金で充当する処理を行った。

2. かねて従業員Mの出張に際して、旅費の概算額として現金￥200,000を渡していたが、本日、従業員Mが帰社し、旅費として￥180,000支払った旨の報告を受け、残金￥20,000を現金で受け取った。

3. 株式会社設立に際し、株式500株を＠￥70,000で発行し、全額が当座預金口座に振り込まれた。

4. 得意先房総商事㈱にY商品￥891,000（うち消費税額￥81,000）を販売し、代金のうち￥600,000は電信扱いで普通預金口座に振り込まれ、残額は掛とした。消費税を税抜方式で処理する。

5. 従業員への給料￥930,000の支払いに際して、所得税の源泉徴収額￥72,500を差し引き、普通預金口座から口座振込で支払った。

6. 茅ヶ崎商事株式会社の当期決算において、当期純利益が￥1,015,000と算定された。

7. 事務用パソコン￥900,000を購入し、その代金は月末に支払うこととした。

▼ **解答欄**（4点×7問＝28点）

	借　方	金　額	貸　方	金　額
1				
2				
3				
4				
5				
6				
7				

第2問　次の（ア）～（ウ）にあてはまる金額を計算しなさい。尚、期中に損益取引以外の純資産変動はない。（12点）

期首純資産 （期首資本）	期末資産	期末負債	期末純資産 （期末資本）	総収益	総費用	当期純利益
（ア）	25,000,000	15,040,000	（イ）	（ウ）	12,480,000	2,340,000

▼ **解答欄**（4点×3問＝12点）

（ア）	¥	（イ）	¥	（ウ）	¥

第3問　次の取引を売上帳および得意先（売掛金）元帳に記入しなさい。なお、得意先（売掛金）元帳は月末に締め切ること。（12点）

令和×4年10月10日　岡山商事㈱へF商品400個を単価¥600で販売し、代金は掛とした。

令和×4年10月26日　岡山商事㈱に対する売掛金について、同店振出の小切手¥400,000を受け取った。

▼ **解答欄**（4点×3問＝12点）

売　上　帳

令和×4年		摘　　　要	金　　額

得　意　先　（売　掛　金）　元　帳
岡　山　商　事　㈱

令和×4年		摘　要	借　方	貸　方	借または貸	残　高
10	1	前月繰越	420,000		借	420,000
	31	次月繰越				
2	1	前月繰越				

第4問 J商品の仕入と払出の記録にもとづいて、商品有高帳に記入するとともに、当月の商品販売益（粗利）を計算しなさい。なお、商品の払出単価の決定は先入先出法によっており、商品有高帳は月末に締め切ること。（16点）

【J商品の仕入と払出の記録】

1月1日　前月繰越：J商品200個　@￥600

　　6日　京葉商事㈱よりJ商品を@￥550で700個仕入れ、代金は掛とした。

　　13日　駿河商事㈱へJ商品を@￥970で650個売り渡し、代金は掛とした。

　　20日　甲州商会㈱よりJ商品を@￥570で800個仕入れ、代金は掛とした。

　　25日　下総物産㈱へJ商品を@￥940で700個売り渡し、代金は掛とした。

▼ **解答欄**（4点×4問＝16点）

商 品 有 高 帳

J商品

令和×4年		摘　要	受　入			払　出			残　高		
			数量	単価	金　額	数量	単価	金　額	数量	単価	金　額
1	1	前月繰越	200	600	120,000				200	600	120,000
	31	次月繰越									
2	1	前月繰越									

商品販売益（粗利）¥ ＿＿＿＿＿＿＿＿＿＿

第5問 株式会社福岡機器（会計期間：令和×4年1月1日～12月31日）の決算整理前の総勘定元帳残高と決算整理事項にもとづいて、貸借対照表と損益計算書を作成しなさい。

決算整理前総勘定元帳勘定残高

現　　　　　金	¥　506,000	現金過不足（借方）	¥　　40,000	当　座　預　金	¥　720,000
普　通　預　金	500,000	売　　掛　　金	900,000	貸　倒　引　当　金	4,000
繰　越　商　品	652,000	貸　　付　　金	1,000,000	備　　　　　品	2,400,000
買　　掛　　金	446,000	借　　入　　金	600,000	資　　本　　金	1,600,000
繰越利益剰余金（貸方）	400,000	売　　　　　上	21,700,000	受　取　利　息	20,000
仕　　　　　入	13,163,000	給　　　　　料	2,910,000	広　　告　　費	344,000
交　　通　　費	178,000	通　　信　　費	96,000	保　　険　　料	304,000
支　払　家　賃	600,000	水　道　光　熱　費	290,000	租　税　公　課	152,000
支　払　利　息	15,000				

決算整理事項

1．期末商品棚卸高　　¥702,000
2．貸倒引当金　　　　売掛金残高の2.0%の貸倒れを見積もる。差額補充法により処理する。
3．備品：減価償却　　定額法により減価償却費の計算を行い、直接法により記帳する。
　　　　　　　　　　　なお、備品は当期首に取得したものであり、耐用年数は8年、残存価額はゼロと見積もられている。
4．現金過不足の残高は、通信費¥40,000の記帳漏れが原因であるため、適切に処理する。
5．広告費の未払高　　¥58,000
6．保険料の前払高　　¥78,000

▼ **解答欄**（4点×8問＝32点）

貸　借　対　照　表

株式会社福岡機器　　　　　　　　　　令和×4年12月31日

資　　　　　産	金　　額	負債および純資産	金　　額
現　　　　　　金		買　　掛　　金	
当　座　預　金		借　　入　　金	
普　通　預　金		未　払　費　用	
売　掛　金（　　　）		資　　本　　金	
貸倒引当金（　　　）		繰越利益剰余金	
商　　　　　品			
貸　　付　　金			
備　　　　　品			
前　払　費　用			

損　益　計　算　書

株式会社福岡機器　　　　　令和×4年1月1日～令和×4年12月31日

費　　　　　用	金　　額	収　　　　　益	金　　額
売　上　原　価		売　　　　　上	
給　　　　　料		受　取　利　息	
広　　告　　費			
交　　通　　費			
通　　信　　費			
保　　険　　料			
支　払　家　賃			
水　道　光　熱　費			
租　税　公　課			
支　払　利　息			
貸倒引当金繰入			
減　価　償　却　費			
（　　　　　　　）			

言語別勘定科目対応表（全経簿記３級）

分類	日本語	英語	中国語（簡体）	ベトナム語	ネパール語	韓国語
資産	現金	cash	现金	tiền mặt	नगद	현금
	小口現金	petty cash	小额现金	tiền lẻ	सानो नगद	소액 현금
	普通預金	ordinary current deposits	银行存款	tài khoản tiết kiệm	सामान्य नक्षिेप	보통예금
	当座預金	current deposits	活期存款	tài khoản giao dịch	चल्ती खाता	당좌예금
	定期預金	time deposits	定期存款	tiền gửi có kỳ hạn	समय नक्षिेप	정기예금
	売掛金	accounts receivable	应收账款	tài khoản phải thu	प्राप्तयोग्य खाता	매출금
	商品	merchandise	商品	hàng hóa	व्यापारकि सामान	상품
	貸付金	loans receivable	贷款	khoản cho vay	ऋण	대부금
	有価証券	securities	有价证券	chứng khoán	धतिोपत्र	유가증권
	繰越商品	merchandise inventry	结转商品	sản phẩm chuyển tiếp	बोक्ने उत्पादन	이월상품
	消耗品	consumables	消耗品	vật tư tiêu hao	खर्चयोग्य वस्तुहरू	소모품
	前払金	advance payments-other	预付账款	tiền	अग्रिम भुक्तानी	선불금
	支払手付金	payment deposit	支付定金	tiền đặt cọc	भुक्तानी नक्षिेप	지불 착수금
	前払家賃	prepaid rent	预付租金	tiền thuê trả trước	प्रीपेड भाडा	선불집세
	前払地代	prepaid land rent	预缴土地租金	tiền thuê đất trả trước	परपिड भूमभिाडा	선불토지임대료
	前払保険料	prepaid insurance premium	预缴保险费用	phí bảo hiểm trả trước	परपिड प्रीमयिम	선불보험료
	従業員貸付金	employee loan	员工贷款	cho vay nhân viên	कर्मचारी ऋण	직원대출
	立替金	advance paid	垫付款项	ứng tiền trước	अग्रिम पैसा	선지급금
	従業員立替金	employee advance paid	员工垫付款项	tiên nhân vụn ứng trước	कर्मचारीको भुक्तानी	종업원 선지급금
	未収金	other receivable	其他应收款	khoản tiền chưa thu	प्राप्तयोग्य खाता	미수금
	仮払金	suspense payments	暂付款	thanh toán tạm thời	अस्थायी भुक्तानी	가지급금
	仮払消費税	suspense paid consumption taxes	临时付款消费税	thuế tiêu dùng tạm nộp	अस्थायी भुक्तानी उपभोग कर	가지급 소비세
	建物	building	建筑物	tòa nhà	भवन	건물
	車両運搬具	vehicles	车辆运输工具	phương tiện	सवारी साधन	차량 운반구
	備品	fixtures	备品	thiết bị	फक्सिचरहरू	비품
	土地	land	土地	đất	भूमि	토지
負債	買掛金	accounts payable	应付账款	khoản phải trả	भुक्तानी योग्य खाताहरू	외상매입금
	借入金	loans payable	借款	khoản đi vay	ऋण लएिको पैसा	차입금
	未払金	other payable	未付款	khoản chưa trả	भुक्तानु नगरएिको पैसा	미지불
	未払税金	accrued taxes	应交税金	chưa thanh toán Thuế	भुक्तान नगरेको कर	미불세금
	未払給料	accrued salaries expense	应交工资	chưa thanh toán tiền lương	भुक्तान नगरेको तलब	미불월급
	未払広告費	accrued advertising expenses	应交广告费用	chưa thanh toán chi phí quảng cáo	भुक्तान नगरेको वजि्ञापन खर्च	미불광고비
	未払家賃	accrued rent	应交租金	chưa thanh toán tiền thuê nhà	भुक्तान नगरेको भाडा	미불집세
	未払地代	accrued land rent	应交土地租金	chưa thanh toán tiền thuê đất	भुक्तान नगरेको जग्गा भाडा	미불 토지임대료
	前受金	advance from customers	预收账款	biên nhận tạm ứng tiền	अग्रिम रसदि पैसा	전수금

分類	日本語	英語	中国語 (簡体)	ベトナム語	ネパール語	韓国語
負債	受取手付金	deposits received	收到存款	tiền gửi nhận được	रसिद जम्मा	수취 착수금
	預り金	deposits received	存款	tiền ký gửi	जम्मा	예금
	従業員預り金	employee deposits received	员工存款	tiên nhân vụn ký gửi	कर्मचारी निक्षेप	종업원예금
	所得税預り金	income tax deposits received	所得税存款	tiền thuế ký gửi	आयकर जम्मा	소득세예금
	社会保険料預り金	social insurance premium deposits received	社会保险费存款	tiền bảo hiểm xã hội ký gửi	सामाजिक बीमा प्रिमियम निक्षेप	사회보험료예금
	仮受金	suspense receipt	暂收据	tiền tạm nhân	अस्थायी रसिद	가수금
	仮受消費税	suspense receipt of consumption taxes	临时接待处消费税	thuế tiền dùng tạm nhân	आउटपुट कर	가수 소비세
純資産	資本金	capital stock	实收资本	vốn	पूंजी	자본금
	繰越利益剰余金	Retained earnings brought forward	未分配利润结转	lợi nhuận chưa phân phối được chuyển tiếp	कायम राखिएको कमाई अगाडि बढ्यो	이월이익잉여금
収益	売上	sales	销售额	doanh thu	बिक्री को रकम	매출
	有価証券売却益	gain on sales of securities	获得出售证券	lãi bán chứng khoán	धितोपत्रको बिक्रीमा लाभ	유가증권 매각이익
	受取利息	interest income	利息收入	thu nhập lãi	ब्याज आम्दानी	수취이자
	雑益	miscellaneous profit	杂乱的利益	lợi nhuận không rõ nguồn gốc	अन्यनाफा	잡익
	雑収入	miscellaneous income	杂项收入	thu nhập linh tinh	विविधि आय	잡수입
費用	売上原価	cost of sales	销售成本	giá vốn hàng bán	बिक्री लागत	매출원가
	仕入	purchases	采购	sự mua	खरिद	구매
	給料	salaries expense	工资	tiền lương	तलब	월급
	広告費	advertising expenses	广告费用	chi phí quảng cáo	वज्ञिापन खर्च	광고비
	発送費	delivery expenses	发送费用	phí giao hàng	ढुवानी शुल्क	배송비
	旅費	traveling expenses	差旅费	chi phí đi lại, ăn ở	यात्रा खर्च	여행비
	交通費	transportation expenses	交通费	giao chi thông phí	यातायात खर्च	교통비
	通信費	communication expenses	通讯费	chi phí liên lạc	संचार लागत	통신비
	水道光熱費	utilities expense	水道光热费	các hóa đơn tiện ích	उपयोगिता बिलहरू	수도광열비
	消耗品費	supplies expense	消耗品费	chi phí vật tư	आपूर्ति खर्च	소모품비
	修繕費	repairs expense	修理费	chi phí sửa chữa	मर्मत लागत	수리비
	支払家賃	rent expense	支付租金	tiền thuê đã trả	भाडा तरिको	지불 집세
	支払地代	land rent expense	支付地租	tiền thuê đất	जग्गा भाडा	지불 토지임대료
	保険料	insurance expense	保险费用	phí bảo hiểm	बीमा शुल्क	보험료
	雑費	miscellaneous expenses	杂费	chi phí linh tinh	विविधि खर्च	잡비
	支払利息	interest expense	支付利息	tiền lãi đã trả	ब्याज खर्च	지불이자
	貸倒引当金繰入	provision of allowance for doubtful accounts	坏账准备金转入	dự phòng các khoản phải thu khó đòi chuyển vào	शंकास्पद खाताहरूका लागि भत्ताको व्यवस्था	대손충당금 이체
	貸倒損失	bad debt expense	坏账损失	lỗ từ nợ khó đòi	खराब ऋण घाटा	대손손실
	減価償却費	depreciation expense	折旧费	khấu hao	मूल्यह्रास	감가상각비
	交際費	entertainment expense	交际应报费	chi phí giải trí	मनोरञ्जन खर्च	교제비
	支払手数料	commission fee	手续费支出	hoa hồng đã trả	कमिशन तरिको छ	지불수수료

分類	日本語	英語	中国語 (簡体)	ベトナム語	ネパール語	韓国語
費用	租税公課	taxes and dues	租税公共費	thuế và phí công cộng	कर र सार्वजनिक बक्यौता	조세공과
	有価証券売却損	loss on sale of securities	出售损失	lỗ bán chứng khoán	धितोपत्रको बिक्रीमा घाटा	유가증권 매각손실
	雑損	miscellaneous loss	杂项损失	mất mát linh tinh	विविधि हानि	잡손
その他	損益	profit and loss account	损益	lợi nhuận và thua lỗ	लाभ र हानि	손익
	現金過不足	cash over and short	现金溢缺	thừa hoặc thiếu tiền mặt	नगद को अधिकि वा कमी	현금과부족
	貸倒引当金	allowance for doubtful accounts	坏账准备金	dự phòng nợ khó đòi	खराब ऋण भत्ता	대손충당금

簿記の仕訳早見表

資　産
(assets・资产・tài sản・सम्पत्तिहरू・자산)

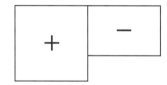

負　債
(liabilities・负债・trách nhiệm pháp lý・दायित्वहरू・부채)

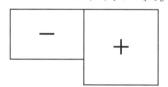

純　資　産
(net assets・净资产・giá trị ròng・शुद्ध मूल्य・순자산)

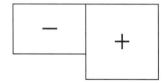

費　用
(cost・费用・trị giá・लागत・비용)

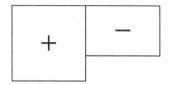

収　益
(income・收益・thu nhập・कमाई・수익)

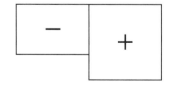

【著者】

伊藤正義（いとう・まさよし）

学校法人柏木学園柏木実業専門学校　総括教諭。
公益社団法人全国経理教育協会中小企業 BANTO 公認講師。
秘書サービス接遇教育学会正会員、日本秘書クラブ所属。
高校教師や民間企業を経て、2012 年より柏木実業専門学校の
専任教諭として簿記・パソコン・税法・電卓・計算実務・接
遇マナー等、商業実務全般の教鞭を執る。2021 年より現職。
一般企業での職歴や人脈を活かした具体的でわかりやすい講
義を行い、社会の即戦力となる若い人材を世に送り出してい

る。そのために自身の研鑽にも努め、上級秘書実務士、上級サービス接遇実務士、2
級ファイナンシャル・プランニング技能士、2 級建設業経理士などの資格を取得。資
格学習のノウハウにも精通している。

初学者・留学生が合格できる
全経簿記3級テキスト＆模擬問題集

2024年3月5日　初版第1刷発行

著　者──伊藤正義
　　　　　©2024 Masayoshi Ito
発行者──張　士洛
発行所──日本能率協会マネジメントセンター
〒103-6009　東京都中央区日本橋2-7-1　東京日本橋タワー
TEL 03（6362）4339（編集）／03（6362）4558（販売）
FAX 03（3272）8127（編集・販売）
https://www.jmam.co.jp/

装　　丁───後藤紀彦（sevengram）
本文DTP───株式会社森の印刷屋
印刷所────シナノ書籍印刷株式会社
製本所────株式会社新寿堂

本書の内容に関するお問い合わせは、2ページにてご案内しております。

ISBN978-4-8005-9152-4 C2033
落丁・乱丁はおとりかえします。
PRINTED IN JAPAN

電卓計算能力検定試験公式テキスト

公益社団法人全国経理教育協会 監修

B5判172頁

電卓計算能力検定試験は、全国経理教育協会の主催で行われている内閣府公益事業認定・文部科学省後援の検定です。

本検定では「乗算」「除算」「見取算」「複合算」「伝票算」の5種目の試験問題によって、経理事務担当者などの実務に必要とされる電卓を正確に操作するスキルを客観的に測定します。

本書はその公式テキストとして、電卓の基本的な知識からはじまり試験問題でも必要となる基本的な電卓操作についての例題と解説、試験問題の内容や解き方、また本検定2級・3級の過去問題(各5回分)を掲載。確実に合格するための必要な知識とスキルを無駄なく身につけられる構成となっています。切り離して使える伝票算問題もついており、これ一冊で万全の試験対策が可能です。

日本能率協会マネジメントセンター

License Examination on Book-keeping of Third Grade
Text & Workbook for Beginners & International Students

初学者・留学生が合格できる
全経簿記
ぜんけいぼき
3級
きゅう
別冊
べっさつ
テキスト&模擬問題集

1-1 簿記って何!? 演習問題 本文 P.10

○ or ×	日常の出来事
	大和商店に対して商品¥500,000の注文をした。
○	平塚商事より商品¥700,000の注文を受け¥100,000を現金で受け取った。
	白猫運輸に商品¥300,000の配送を依頼した。
○	水道局より今月分の上下水道料金¥10,000を請求され、普通預金から振り込んだ。

1-2 財務諸表とは? 演習問題 本文 P.11

貸借対照表

資産 ¥100,000	負債　　¥30,000
	純資産　¥50,000
	当期純利益 （¥20,000）

損益計算書

費用 （¥330,000）	収益 ¥350,000
当期純利益 ¥20,000	

1-3 ① 仕訳とは? 演習問題 本文 P.14

	借　　方	金　　額	貸　　方	金　　額
1	仕入	10,000	現金	10,000
2	普通預金	50,000	売上	50,000
3	借入金	30,000	現金	30,000
4	給料	100,000	普通預金	100,000

1-3 ② 転記とは? 演習問題 本文 P.16

	借　　方	金　　額	貸　　方	金　　額
4/1	仕入	70,000	現金	70,000
4/5	普通預金	90,000	売上	90,000
4/8	現金	80,000	売上	80,000
4/12	給料	100,000	現金	100,000

現　金

借方		貸方	
4/8 売上	80,000	4/1 仕入	70,000
		4/12 給料	100,000

普通預金

借方		貸方	
4/5 売上	90,000		

売　上

借方		貸方	
		4/5 普通預金	90,000
		8 現金	80,000

仕　入

借方		貸方	
4/1 現金	70,000		

給　料

借方		貸方	
4/12 現金	100,000		

2-1 ① 現金とは？ 演習問題　　本文 P.19

	借　方	金　額	貸　方	金　額
1	仕入	70,000	現金	70,000
2	現金	90,000	売上	90,000
3	借入金	30,000	現金	30,000
4	給料	100,000	現金	100,000

2-1 現金と預金 総合演習問題　　本文 P.21

	借　方	金　額	貸　方	金　額
4/1	当座預金	500,000	現金	500,000
4/5	定期預金	800,000	普通預金	800,000
4/8	普通預金	270,000	定期預金 受取利息	250,000 20,000
4/9	仕入	50,000	当座預金	50,000
4/10	当座預金	300,000	借入金	300,000
4/12	現金 普通預金	200,000 250,000	売上	450,000
4/14	当座預金	700,000	売上	700,000
4/20	仕入	85,000	当座預金 普通預金	50,000 35,000

① 三分法の場合

	借　方	金　額	貸　方	金　額
1	仕入	70,000	現金	70,000
2	普通預金	90,000	売上	90,000
3	仕入	30,000	当座預金	30,000
4	当座預金	60,000	売上	60,000

② 売上原価対立法の場合

	借　方	金　額	貸　方	金　額
1	商品	70,000	現金	70,000
2	普通預金 売上原価	90,000 70,000	売上 商品	90,000 70,000
3	商品	30,000	当座預金	30,000
4	当座預金 売上原価	60,000 30,000	売上 商品	60,000 30,000

	借　方	金　額	貸　方	金　額
1	仕入	500,000	買掛金	500,000
2	売掛金	700,000	売上	700,000
3	仕入	350,000	買掛金	350,000
4	売掛金	935,000	売上	935,000
5	買掛金	500,000	普通預金	500,000
6	現金	700,000	売掛金	700,000

2-2 ③ 仕入諸掛とは 演習問題

	借 方	金 額	貸 方	金 額
1	仕入	54,000	当座預金	54,000
2	仕入	76,000	買掛金 現金	70,000 6,000
3	売掛金 発送費	80,000 3,000	売上 現金	80,000 3,000

2-2 ④ 返品・値引があるときは？ 演習問題

	借 方	金 額	貸 方	金 額
1	現金	30,000	仕入	30,000
2	売上	70,000	売掛金	70,000
3	買掛金	5,000	仕入	5,000
4	売上	6,000	売掛金	6,000

2-2 商品売買 総合演習問題

	借 方	金 額	貸 方	金 額
1	仕入	500,000	現金 買掛金	300,000 200,000
2	当座預金 売掛金	350,000 350,000	売上	700,000
3	仕入	300,000	買掛金	300,000
4	売掛金	400,000	売上	400,000
5	買掛金	10,000	仕入	10,000
6	売上	20,000	売掛金	20,000
7	買掛金	3,000	仕入	3,000
8	売上	7,000	売掛金	7,000

第**2**章 日常の取引

	借　方	金　額	貸　方	金　額
1	普通預金	505,000	定期預金 受取利息	500,000 5,000
2	給料	300,000	現金	300,000
3	広告費	70,000	普通預金	70,000
4	売掛金 発送費	450,000 6,500	売上 現金	450,000 6,500
5	旅費	60,000	現金	60,000
6	交通費	25,000	普通預金	25,000
7	通信費 租税公課	10,000 5,000	現金	15,000
8	水道光熱費	17,000	普通預金	17,000
9	消耗品費	7,000	当座預金	7,000
10	修繕費	50,000	普通預金	50,000
11	支払家賃 支払地代	100,000 50,000	当座預金	150,000
12	保険料	30,000	現金	30,000
13	雑費	5,000	現金	5,000
14	定期預金 支払手数料	1,000,000 1,000	普通預金	1,001,000
15	交際費	30,000	当座預金	30,000

2-4 ① 借入金と貸付金 演習問題

本文 P.33

	借　方	金　額	貸　方	金　額
1	普通預金	500,000	借入金	500,000
2	借入金 支払利息	500,000 5,000	当座預金	505,000
3	貸付金	600,000	受取利息 普通預金	7,000 593,000
4	当座預金	600,000	貸付金	600,000

2-4 ② 未収金と未払金 演習問題

本文 P.35

	借　方	金　額	貸　方	金　額
1	未収金	5,000	雑収入	5,000
2	現金	5,000	未収金	5,000
3	備品	500,000	未払金	500,000
4	未払金	500,000	当座預金	500,000

2-4 ③ 前払金と前受金／支払手付金と受取手付金 演習問題

本文 P.37

	借　方	金　額	貸　方	金　額
1	現金	100,000	前受金	100,000
2	支払手付金	200,000	普通預金	200,000
3	当座預金	70,000	受取手付金	70,000
4	前払金	250,000	当座預金	250,000
5	仕入	500,000	支払手付金 当座預金	200,000 300,000
6	前受金 売掛金	100,000 150,000	売上	250,000

	借　方	金　額	貸　方	金　額
1	仮払金	100,000	現金	100,000
2	普通預金	500,000	仮受金	500,000
3	仮受金	500,000	売掛金	500,000
4	旅費交通費	105,000	仮払金 現金	100,000 5,000

	借　方	金　額	貸　方	金　額
1	消耗品費 立替金	50,000 10,000	普通預金	60,000
2	給料	500,000	所得税預り金 社会保険料預り金 立替金 普通預金	15,000 30,000 10,000 445,000
3	仕入 立替金	500,000 1,000	買掛金 現金	500,000 1,000
4	買掛金	300,000	立替金 普通預金	1,000 299,000

	借　方	金　額	貸　方	金　額
1	普通預金	1,000,000	借入金	1,000,000
2	借入金 支払利息	1,000,000 5,000	普通預金	1,005,000
3	貸付金	2,000,000	現金	2,000,000
4	当座預金	2,007,000	貸付金 受取利息	2,000,000 7,000
5	未収金	20,000,000	土地	20,000,000
6	普通預金	20,000,000	未収金	20,000,000
7	備品	500,000	未払金	500,000
8	未払金	500,000	当座預金	500,000
9	前払金	50,000	当座預金	50,000
10	仕入	500,000	前払金 買掛金	50,000 450,000
11	普通預金	100,000	受取手付金	100,000
12	受取手付金 現金	100,000 700,000	売上	800,000
13	仮払金	50,000	現金	50,000
14	普通預金	300,000	仮受金	300,000
15	仮受金	300,000	前受金	300,000
16	旅費交通費	55,000	仮払金 現金	50,000 5,000
17	仕入 立替金	300,000 2,000	買掛金 現金	300,000 2,000
18	現金	2,000	立替金	2,000
19	給料	500,000	所得税預り金 社会保険料預り金 普通預金	40,000 30,000 430,000
20	所得税預り金 社会保険料預り金	40,000 30,000	現金	70,000

本文 P.45

2-5 小口現金 演習問題

	借　方	金　額	貸　方	金　額
1	小口現金	50,000	当座預金	50,000
2	通信費 交通費 消耗品費 雑費	5,000 6,000 4,000 3,500	現金	18,500

2-6 消費税の会計処理 演習問題

本文 P.47

	借　方	金　額	貸　方	金　額
1	仕入 仮払消費税	500,000 50,000	買掛金	550,000
2	売掛金	660,000	売上 仮受消費税	600,000 60,000
3	仕入 仮払消費税	400,000 40,000	現金 当座預金	240,000 200,000
4	当座預金 売掛金	85,000 300,000	売上 仮受消費税	350,000 35,000

2-7 有価証券 演習問題

本文 P.51

	借　方	金　額	貸　方	金　額
1	有価証券	1,510,000	当座預金	1,510,000
2	普通預金 有価証券売却損	4,900,000 100,000	有価証券	5,000,000
3	有価証券	605,000	未払金 普通預金	600,000 5,000
4	未収金	1,740,000	有価証券 有価証券売却益	1,520,000 220,000
5	有価証券	1,960,000	普通預金	1,960,000
6	当座預金 有価証券売却損	930,000 20,000	有価証券	950,000

2-8 有形固定資産 演習問題

	借　方	金　額	貸　方	金　額
1	備品	300,000	未払金	300,000
2	車両運搬具	2,300,000	未払金 現金	2,000,000 300,000
3	建物	5,300,000	当座預金	5,300,000
4	土地	10,500,000	未払金 当座預金	10,000,000 500,000
5	普通預金	600,000	車両運搬具 固定資産売却益	500,000 100,000
6	未収金 固定資産売却損	150,000 150,000	備品	300,000

2-9 株式会社の設立と資本金・繰越利益剰余金 演習問題

	借　方	金　額	貸　方	金　額
1	当座預金	25,000,000	資本金	25,000,000
2	普通預金	50,000,000	資本金	50,000,000

残高試算表

借方	勘定科目	貸方
83,000	現金	
14,000	現金過不足	
1,600,000	当座預金	
862,000	売掛金	
516,000	有価証券	
638,000	繰越商品	
126,000	消耗品	
40,000	仮払金	
1,920,000	建物	
980,000	備品	
2,000,000	土地	
	買掛金	1,302,000
	仮受金	80,000
	前受金	26,000
	貸倒引当金	27,000
	資本金	6,600,000
	売上	7,678,000
	受取地代	672,000
4,832,000	仕入	
1,674,000	給料	
504,000	広告宣伝費	
384,000	保険料	
212,000	水道光熱費	
16,385,000		16,385,000

3-2 ① 決算の意義／現金過不足の処理 演習問題

本文 P.63

	借 方	金 額	貸 方	金 額
1	現金過不足	5,000	現金	5,000
2	通信費	4,000	現金過不足	4,000
3	雑損	1,000	現金過不足	1,000
4	現金	3,000	雑益	3,000

3-2 ② 繰越商品の処理と売上原価の算定 演習問題

本文 P.65

	借 方	金 額	貸 方	金 額
1	仕入 繰越商品	290,000 700,000	繰越商品 仕入	290,000 700,000
2	仕入 繰越商品	600,000 400,000	繰越商品 仕入	600,000 400,000

3-2 ③ 貸倒引当金の設定と貸倒の処理 演習問題

本文 P.68

	借 方	金 額	貸 方	金 額
1	貸倒引当金繰入	10,000	貸倒引当金	10,000
2	貸倒引当金繰入	11,000	貸倒引当金	11,000
3	貸倒引当金 貸倒損失	150,000 50,000	売掛金	200,000
4	貸倒損失	300,000	売掛金	300,000

3-2 ④ 固定資産の減価償却 演習問題

本文 P.70

	借 方	金 額	貸 方	金 額
1	減価償却費	100,000	備品	100,000
2	減価償却費	450,000	建物	450,000
3	減価償却費	600,000	車両運搬具 備品	400,000 200,000

3-2 ⑤ 営業費用の繰延と見越 演習問題 本文 P.73

	借　方	金　額	貸　方	金　額
1	給料	70,000	未払給料	70,000
2	前払家賃	50,000	支払家賃	50,000
3	消耗品	7,000	消耗品費	7,000
4	通信費	30,000	未払通信費	30,000
5	前払地代	25,000	支払地代	25,000

3-2 決算整理仕訳 総合演習問題 本文 P.74

	借　方	金　額	貸　方	金　額
1	現金過不足	10,000	現金	10,000
2	現金	10,000	受取手数料 雑益	7,000 3,000
3	仕入 繰越商品	35,000 50,000	繰越商品 仕入	35,000 50,000
4	貸倒引当金繰入	12,000	貸倒引当金	12,000
5	貸倒引当金 貸倒損失	250,000 50,000	売掛金	300,000
6	貸倒損失	500,000	売掛金	500,000
7	減価償却費	300,000	備品	300,000
8	消耗品	9,500	消耗品費	9,500
9	給料	190,000	未払給料	190,000
10	前払家賃	75,000	支払家賃	75,000

第1問

精 算 表

勘 定 科 目	残 高 試 算 表 借 方	貸 方	修 正 記 入 借 方	貸 方	損 益 計 算 書 借 方	貸 方	貸 借 対 照 表 借 方	貸 方
現　　　　金	263,000						263,000	
現 金 過 不 足	6,000			6,000				
当 座 預 金	232,500						232,500	
普 通 預 金	176,000						176,000	
売 　 掛 　 金	425,000						425,000	
貸 倒 引 当 金		2,750		10,000				12,750
繰 越 商 品	330,500		366,000	330,500			366,000	
貸 　 付 　 金	1,000,000						1,000,000	
備 　 　 　 品	1,500,000			300,000			1,200,000	
買 　 掛 　 金		385,500						385,500
借 　 入 　 金		1,250,000						1,250,000
資 　 本 　 金		2,500,000						2,500,000
繰越利益剰余金		250,000						250,000
売 　 　 　 上		6,280,000				6,280,000		
受 取 利 息		15,000				15,000		
仕 　 　 　 入	4,234,250		330,500	366,000	4,198,750			
給 　 　 　 料	1,129,000				1,129,000			
広 　 告 　 費	206,500		14,500		221,000			
交 　 通 　 費	162,500				162,500			
通 　 信 　 費	138,000		6,000		144,000			
消 耗 品 費	147,000			15,500	131,500			
支 払 家 賃	552,500				552,500			
水 道 光 熱 費	88,000				88,000			
租 税 公 課	67,500				67,500			
支 払 利 息	25,000				25,000			
	10,683,250	10,683,250						
貸倒引当金繰入			10,000		10,000			
減 価 償 却 費			300,000		300,000			
消 　 耗 　 品			15,500				15,500	
未 払 広 告 費				14,500				14,500
当 期 純 損 失						734,750	734,750	
			1,042,500	1,042,500	7,029,750	7,029,750	4,412,750	4,412,750

精 算 表

勘 定 科 目	残 高 試 算 表 借 方	貸 方	修 正 記 入 借 方	貸 方	損 益 計 算 書 借 方	貸 方	貸 借 対 照 表 借 方	貸 方
現　　　　金	519,400						519,400	
現 金 過 不 足		2,400	2,400					
当 座 預 金	464,000						464,000	
普 通 預 金	660,000						660,000	
売 　掛 　金	940,000						940,000	
貸 倒 引 当 金		19,200		9,000				28,200
繰 越 商 品	384,000		412,000	384,000			412,000	
貸 　付 　金	800,000						800,000	
備 　　　品	1,600,000			320,000			1,280,000	
買 　掛 　金		1,010,000						1,010,000
借 　入 　金		280,000						280,000
資 　本 　金		3,160,000						3,160,000
繰越利益剰余金		550,000						550,000
売 　　　上		8,059,600				8,059,600		
受 取 利 息		25,200				25,200		
仕 　　　入	5,920,000		384,000	412,000	5,892,000			
給 　　　料	610,000				610,000			
広 　告 　費	161,600			35,000	126,600			
交 　通 　費	222,000				222,000			
通 　信 　費	126,000		22,000		148,000			
消 耗 品 費	54,000				54,000			
保 　険 　料	288,000				288,000			
水 道 光 熱 費	192,000				192,000			
租 税 公 課	148,600				148,600			
支 払 利 息	16,800				16,800			
	13,106,400	13,106,400						
雑 　　　益				2,400		2,400		
貸倒引当金繰入			9,000		9,000			
減 価 償 却 費			320,000		320,000			
未 払 通 信 費				22,000				22,000
前 払 広 告 費			35,000				35,000	
当 期 純 利 益					60,200			60,200
			1,184,400	1,184,400	8,087,200	8,087,200	5,110,400	5,110,400

精　算　表

勘 定 科 目	残 高 試 算 表 借 方	残 高 試 算 表 貸 方	修 正 記 入 借 方	修 正 記 入 貸 方	損 益 計 算 書 借 方	損 益 計 算 書 貸 方	貸 借 対 照 表 借 方	貸 借 対 照 表 貸 方
現　　　　金	442,500						442,500	
当 座 預 金	360,000						360,000	
普 通 預 金	320,500						320,500	
売 　掛 　金	525,000						525,000	
貸 倒 引 当 金		1,500		9,000				10,500
繰 越 商 品	410,000		426,000	410,000			426,000	
貸 　付 　金	500,000						500,000	
備　　　　品	1,200,000			200,000			1,000,000	
買 　掛 　金		212,000						212,000
借 　入 　金		750,000						750,000
資 　本 　金		2,150,000						2,150,000
繰越利益剰余金		75,000						75,000
売　　　　上		7,312,000				7,312,000		
受 取 利 息		15,000				15,000		
仕　　　　入	4,239,500		410,000	426,000	4,223,500			
給　　　　料	1,234,000				1,234,000			
広 　告 　費	163,000		21,000		184,000			
交 　通 　費	126,500				126,500			
通 　信 　費	87,500			41,000	46,500			
消 耗 品 費	171,000			29,500	141,500			
支 払 家 賃	533,000				533,000			
水 道 光 熱 費	89,000				89,000			
租 税 公 課	84,000				84,000			
支 払 利 息	30,000				30,000			
	10,515,500	10,515,500						
貸倒引当金繰入			9,000		9,000			
減 価 償 却 費			200,000		200,000			
消 　耗 　品			29,500				29,500	
未 払 広 告 費				21,000				21,000
前 払 通 信 費			41,000				41,000	
当 期 純 利 益					426,000			426,000
			1,136,500	1,136,500	7,327,000	7,327,000	3,644,500	3,644,500

第1問

貸 借 対 照 表

株式会社奈良書道具　　　　　　　令和×5年12月31日

資　　　　　産	金　　額	負債および純資産	金　　額
現　　　　　金	1,030,000	買　　掛　　金	1,138,000
当　座　預　金	1,270,000	借　　入　　金	1,348,000
普　通　預　金	2,364,000	未　払　費　用	192,000
売掛金（3,400,000）		資　　本　　金	5,800,000
貸倒引当金（37,400）	3,362,600	繰越利益剰余金	3,414,600
商　　　　　品	1,014,000		
貸　　付　　金	1,148,000		
備　　　　　品	1,600,000		
前　払　費　用	104,000		
	11,892,600		11,892,600

損 益 計 算 書

株式会社奈良書道具　　　　　令和×5年1月1日～令和×5年12月31日

費　　　　　用	金　　額	収　　　　　益	金　　額
売　上　原　価	6,102,000	売　　　　　上	13,823,600
給　　　　　料	2,552,000	受　取　利　息	32,000
広　　告　　費	460,000	雑　　　　　益	3,800
交　　通　　費	390,000		
通　　信　　費	206,000		
消　耗　品　費	86,000		
保　　険　　料	624,000		
水　道　光　熱　費	480,000		
租　税　公　課	114,000		
支　払　利　息	43,400		
貸 倒 引 当 金 繰 入	20,000		
減　価　償　却　費	400,000		
（ 当 期 純 利 益 ）	2,382,000		
	13,859,400		13,859,400

第2問

貸　借　対　照　表

株式会社高知商事　　　　　　　令和×5年12月31日

資　　　　　　　産	金　　額	負債および純資産	金　　額
現　　　　　　　金	160,500	買　　掛　　金	120,500
当　座　預　金	163,000	借　　入　　金	250,000
普　通　預　金	149,000	資　　本　　金	900,000
売　掛　金（250,000）		繰越利益剰余金	725,000
貸倒引当金（7,500）	242,500		
商　　　　　　　品	226,000		
貸　　付　　金	400,000		
備　　　　　　　品	625,000		
消　　耗　　品	15,500		
前　払　費　用	14,000		
	1,995,500		1,995,500

損　益　計　算　書

株式会社高知商事　　　　　令和×5年1月1日～令和×5年12月31日

費　　　　　　　用	金　　額	収　　　　　　　益	金　　額
売　上　原　価	4,122,750	売　　　　　　　上	6,176,000
給　　　　　　　料	811,500	受　取　利　息	5,000
広　　告　　費	91,500		
交　　通　　費	47,000		
通　　信　　費	26,000		
消　耗　品　費	60,500		
支　払　家　賃	168,000		
水　道　光　熱　費	63,500		
租　税　公　課	31,500		
支　払　利　息	3,750		
貸倒引当金繰入	5,000		
減　価　償　却　費	125,000		
（当　期　純　利　益）	625,000		
	6,181,000		6,181,000

貸　借　対　照　表

株式会社岡山事務　　　　令和×5年12月31日

資　　　　　　産	金　　額	負債および純資産	金　　額
現　　　　　金	1,255,600	買　　掛　　金	1,668,000
当　座　預　金	1,470,000	借　　入　　金	1,516,000
普　通　預　金	2,612,000	未　払　費　用	236,000
売掛金（3,400,000）		資　　本　　金	7,000,000
貸倒引当金（34,000）	3,366,000	繰越利益剰余金	3,554,200
商　　　　　品	650,000		
貸　　付　　金	836,000		
備　　　　　品	3,760,000		
消　　耗　　品	24,600		
	13,974,200		13,974,200

損　益　計　算　書

株式会社岡山事務　　　令和×5年1月1日〜令和×5年12月31日

費　　　　　　用	金　　額	収　　　　　　益	金　　額
売　上　原　価	10,666,000	売　　　　　上	19,060,000
給　　　　　料	3,936,000	受　取　利　息	41,400
広　　告　　費	646,000		
交　　通　　費	248,000		
通　　信　　費	512,000		
消　耗　品　費	284,600		
保　　険　　料	778,000		
水　道　光　熱　費	108,000		
租　税　公　課	122,000		
支　払　利　息	88,800		
貸倒引当金繰入	16,000		
減　価　償　却　費	752,000		
雑　　　　　損	9,800		
（当期純利益）	934,200		
	19,101,400		19,101,400

	借　　方	金　　額	貸　　方	金　　額
1	損益	450,000	繰越利益剰余金	450,000
2	繰越利益剰余金	300,000	損益	300,000
3	損益	600,000	繰越利益剰余金	600,000
4	繰越利益剰余金	500,000	損益	500,000
5	損益	700,000	繰越利益剰余金	700,000

1.

期首貸借対照表

資　　産	5,500,000	負　　債		3,250,000
		純資産（資本）	（ア	2,250,000 ）
	5,500,000			5,500,000

損益計算書

費　　用		7,550,000	収　　益	8,700,000
当期純利益	（イ	1,150,000 ）		
		8,700,000		8,700,000

期末貸借対照表

資　　産	6,200,000	負　　債	（ウ	2,800,000 ）
		純資産（資本）	（エ	3,400,000 ）
	6,200,000			6,200,000

2.

期首貸借対照表

資　産	3,700,000	負　　債	（ア 2,600,000 ）
		純資産（資本）	1,100,000
	3,700,000		3,700,000

損益計算書

費　用	（イ 3,750,000 ）	収　　益	4,300,000
当期純利益	550,000		
	4,300,000		4,300,000

期末貸借対照表

資　産	（ウ 4,050,000 ）	負　　債	2,400,000
		純資産（資本）	（エ 1,650,000 ）
	各自推定		各自推定

3.

	期首商品棚卸高	純仕入高	期末商品棚卸高	売上原価	純売上高	売上総利益
①	480,000	2,380,000	520,000	（ア 2,340,000）	3,650,000	（イ 1,310,000）

	期首資産	期首負債	期末純資産	総収益	総費用	当期純利益
②	（ウ 10,950,000）	5,000,000	6,200,000	12,000,000	11,750,000	（エ　250,000）

4.

期首純資産 （期首資本）	期末資産	期末負債	期末純資産 （期末資本）	総収益	総費用	当期純利益
（ア 3,280,000）	6,200,000	（イ 2,700,000）	3,500,000	1,900,000	（ウ 1,680,000）	220,000

5.

期首純資産	150,000	期末純資産	480,000
費用総額	385,000	当期純利益	330,000

第1問

小 口 現 金 出 納 帳

受　　入	令和×5年		摘　　要	支　　払	内　　訳				残　　高
					通信費	交通費	消耗品費	雑　費	
30,000	4	16	前 週 繰 越						30,000
		〃	インクカートリッジ代	6,000			6,000		24,000
		17	郵便切手代	2,500	2,500				21,500
		18	新聞購読料	4,500				4,500	17,000
		19	バス代	1,800		1,800			15,200
		20	携帯電話使用料	4,200	4,200				11,000
			合　　計	19,000	6,700	1,800	6,000	4,500	
19,000		20	本 日 補 給						30,000
		〃	**次 週 繰 越**	**30,000**					0
49,000				49,000					
30,000	4	23	前 週 繰 越						30,000

第2問

小 口 現 金 出 納 帳

受　　入	令和×5年		摘　　要	支　　払	内　　訳				残　　高
					通信費	交通費	消耗品費	雑　費	
50,000	3	11	前 週 繰 越						50,000
		12	タクシー代	2,700		2,700			47,300
		13	接待用お茶代	4,360				4,360	42,940
		14	郵便はがき代	6,500	6,500				36,440
		〃	コピー機トナー代	8,500			8,500		27,940
		15	インターネット通信料	5,800	5,800				22,140
			合　　計	27,860	12,300	2,700	8,500	4,360	
27,860		15	本 日 補 給						50,000
		〃	**次 週 繰 越**	**50,000**					0
77,860				77,860					
50,000	3	18	前 週 繰 越						50,000

小 口 現 金 出 納 帳

受　入	令和×5年		摘　　要	支　払	内　　訳				残　高
					通信費	交通費	消耗品費	雑　費	
25,000	10	22	前 週 繰 越						25,000
		23	プリンター用紙代	1,500			1,500		23,500
		〃	接待用菓子代	2,630				2,630	20,870
		24	タクシー代	3,600		3,600			17,270
		〃	郵便切手代	4,800	4,800				12,470
		25	書類ファイル代	1,650			1,650		10,820
			合　　計	14,180	4,800	3,600	3,150	2,630	
14,180		26	本 日 補 給						25,000
		〃	次 週 繰 越	25,000					0
39,180				39,180					
25,000	10	29	前 週 繰 越						25,000

4-2 商品有高帳 演習問題　　　　　　　　　　　本文 P.115～117

商 品 有 高 帳
A商品

令和×5年		摘　要	受　　入			払　　出			残　　高		
			数量	単価	金　額	数量	単価	金　額	数量	単価	金　額
6	1	前月繰越	150	350	52,500				150	350	52,500
	7	仕入	500	330	165,000				150	350	52,500
									500	330	165,000
	13	売上				150	350	52,500			
						300	330	99,000	200	330	66,000
	20	仕入	600	340	204,000				200	330	66,000
									600	340	204,000
	25	売上				200	330	66,000			
						500	340	170,000	100	340	34,000
	30	次月繰越				100	340	34,000			
			1,250		421,500	1,250		421,500			
7	1	前月繰越	100	340	34,000				100	340	34,000

商品販売益（粗利）¥　　316,500　　　（(600×450＋620×700)－(421,500－34,000)）

24

第2問

商　品　有　高　帳
X商品

令和×5年		摘　要	受　入			払　出			残　高		
			数量	単価	金　額	数量	単価	金　額	数量	単価	金　額
5	1	前月繰越	100	600	60,000				100	600	60,000
	7	仕入	400	650	260,000				100	600	60,000
									400	650	260,000
	13	売上				100	600	60,000			
						300	650	195,000	100	650	65,000
	21	仕入	300	670	201,000				100	650	65,000
									300	670	201,000
	26	売上				100	650	65,000			
						250	670	167,500	50	670	33,500
	31	次月繰越				50	670	33,500			
			800		521,000	800		521,000			
6	1	前月繰越	50	670	33,500				50	670	33,500

第3問

商　品　有　高　帳
G商品

令和×5年		摘　要	受　入			払　出			残　高		
			数量	単価	金　額	数量	単価	金　額	数量	単価	金　額
1	1	前月繰越	300	250	75,000				300	250	75,000
	8	仕入	800	270	216,000				300	250	75,000
									800	270	216,000
	12	売上				300	250	75,000			
						300	270	81,000	500	270	135,000
	22	仕入	700	290	203,000				500	270	135,000
									700	290	203,000
	25	売上				500	270	135,000			
						150	290	43,500	550	290	159,500
	31	次月繰越				550	290	159,500			
			1,800		494,000	1,800		494,000			
2	1	前月繰越	550	290	159,500				550	290	159,500

第1問

売　上　帳

令和×5年		摘　　要	金　額
1	10	九州商事㈱　　　　　　　掛	
		B商品　800個　@￥500	400,000

得 意 先 (売 掛 金) 元 帳
九　州　商　事　㈱

令和×5年		摘　要	借　　方	貸　　方	借または貸	残　　高
1	1	前月繰越	150,000		借	150,000
	10	売上	400,000		〃	550,000
	25	小切手回収		300,000	〃	250,000
	31	次月繰越		250,000		0
			550,000	550,000		
2	1	前月繰越	250,000		借	250,000

第2問

売　上　帳

令和×5年		摘　　要	金　額
2	7	香住商事㈱　　　　　　　掛	
		A商品　50個　@￥20,000	1,000,000

得 意 先 (売 掛 金) 元 帳
香　住　商　事　㈱

令和×5年		摘　要	借　　方	貸　　方	借または貸	残　　高
2	1	前月繰越	200,000		借	200,000
	7	売上	1,000,000		〃	1,200,000
	15	小切手回収		600,000	〃	600,000

第3問

仕　入　帳

令和×5年		摘　　要		金　額
10	20	福岡商事㈱	掛	
		C商品　600個　@￥350		210,000

仕　入　先　（買　掛　金）　元　帳
福　岡　商　事　㈱

令和×5年		摘　要	借　方	貸　方	借または貸	残　高
10	1	前月繰越		100,000	貸	100,000
	20	仕入		210,000	〃	310,000
	25	小切手振出	100,000		〃	210,000
	31	次月繰越	210,000			0
			310,000	310,000		
11	1	前月繰越		210,000	貸	210,000

第4問

仕　入　帳

令和×5年		摘　　要		金　額
6	20	宮城商事㈱	掛	
		B商品　800個　@￥500		400,000

仕　入　先　（買　掛　金）　元　帳
宮　城　商　事　㈱

令和×5年		摘　要	借　方	貸　方	借または貸	残　高
6	1	前月繰越		200,000	貸	200,000
	20	仕入		400,000	〃	600,000
	25	小切手振出	200,000		〃	400,000

※解答は本文掲載のため省略

4-5 仕訳帳と総勘定元帳 演習問題

仕 訳 帳

3

令和6年		摘　　要	元丁	借　方	貸　方
4	2	（現金）	1	500,000	
		（普通預金）	2		500,000
		東京銀行より現金引き出し			
	3	（仕入）　　　　　　　　諸口	30	700,000	
		（現金）	1		400,000
		（買掛金）	10		300,000
		大阪商店より商品仕入れ			
	6	諸口　　　　　　　　　（売上）	20		1,500,000
		（現金）	1	820,000	
		（売掛金）	5	680,000	
		名古屋商店へ商品売り渡し			
	10	（水道光熱費）	35	15,000	
		（普通預金）	2		15,000
		今月分の水道光熱費引き落とし			
	12	（租税公課）	40	5,000	
		（現金）	1		5,000
		郵便局より収入印紙購入			

総 勘 定 元 帳

現　金

1

R6年 月	日	摘　　要	仕丁	借　方	貸　方	借貸	差引残高
4	1	前期繰越	✓	250,000		借	250,000
	2	普通預金	3	500,000		〃	750,000
	3	仕入	〃		400,000	〃	350,000
	6	売上	〃	820,000		〃	1,170,000
	12	租税公課	〃		5,000	〃	1,165,000

普 通 預 金

2

R6年 月	日	摘　　　要	仕丁	借　　方	貸　　方	借貸	差引残高
4	1	前期繰越	✓	2,000,000		借	2,000,000
	2	現金	3		500,000	〃	1,500,000
	10	水道光熱費	〃		15,000	〃	1,485,000

売 掛 金

5

R6年 月	日	摘　　　要	仕丁	借　　方	貸　　方	借貸	差引残高
4	1	前期繰越	✓	1,200,000		借	1,200,000
	6	売上	3	680,000		〃	1,880,000

買 掛 金

10

R6年 月	日	摘　　　要	仕丁	借　　方	貸　　方	借貸	差引残高
4	1	前期繰越	✓		950,000	貸	950,000
	3	仕入	3		300,000	〃	1,250,000

売　　　上

20

R6年 月	日	摘　　　要	仕丁	借　　方	貸　　方	借貸	差引残高
4	6	諸口	3		1,500,000	貸	1,500,000

仕　　　入

30

R6年 月	日	摘　　　要	仕丁	借　　方	貸　　方	借貸	差引残高
4	3	諸口	3	700,000		借	700,000

水 道 光 熱 費

35

R6年 月	日	摘　　　要	仕丁	借　　方	貸　　方	借貸	差引残高
4	10	普通預金	3	15,000		借	15,000

R6年 月 日	摘　　　要	仕丁	借　方	貸　方	借貸	差引残高
4　12	現金	3	5,000		借	5,000

4-6 ② 代表的な「領収書（レシート）」 演習問題　本文 P.132～133

	借　方	金　額	貸　方	金　額
1	消耗品費	11,000	現金	11,000
2	雑費	8,640	現金	8,640
3	雑費	12,100	普通預金	12,100
4	租税公課	5,000	現金	5,000
5	通信費	26,900	現金	26,900

4-6 ③ 売上伝票・納品書 演習問題　本文 P.135～136

	借　方	金　額	貸　方	金　額
1	仕入	4,510,000	買掛金	4,510,000
2	売掛金	2,750,000	売上	2,750,000
3	仕入 仮払消費税	940,000 94,000	当座預金 買掛金	534,000 500,000
4	普通預金 売掛金	610,000 600,000	売上 仮受消費税	1,100,000 110,000

第1問 （4点×8問＝32点）

	借　方	金　額	貸　方	金　額
1	普通預金	2,800,000	資本金	2,800,000
2	売上	100,000	売掛金	100,000
3	給料	2,000,000	所得税預り金 普通預金	170,000 1,830,000
4	現金	4,000,000	売上	4,000,000
5	仕入 仮払消費税	3,000,000 300,000	支払手付金 買掛金	1,000,000 2,300,000
6	有価証券	7,250,000	未払金	7,250,000
7	車両運搬具	5,350,000	当座預金	5,350,000
8	消耗品費	55,000	現金	55,000

第2問 （4点×3問＝12点）

（ア）	¥9,500,000	（イ）	¥1,830,000	（ウ）	¥11,330,000

第3問 （4点×3問＝12点）

(1)	(2)	(3)
4	1	4

第4問 （4点×3問＝12点）

商 品 有 高 帳

C商品

令和×4年		摘　要	受　入			払　出			残　高		
			数量	単価	金　額	数量	単価	金　額	数量	単価	金　額
1	1	前月繰越	200	250	50,000				200	250	50,000
	6	仕入	800	300	240,000				200	250	50,000
									800	300	240,000
	13	売上				200	250	50,000			
						500	300	150,000	300	300	90,000
	20	仕入	600	320	192,000				300	300	90,000
									600	320	192,000
	26	売上				300	300	90,000			
						450	320	144,000	150	320	48,000
	31	次月繰越				150	320	48,000			
			1,600		482,000	1,600		482,000			
2	1	前月繰越	150	320	48,000				150	320	48,000

★1つにつき4点

精　算　表

勘 定 科 目	残 高 試 算 表 借　方	残 高 試 算 表 貸　方	修 正 記 入 借　方	修 正 記 入 貸　方	損 益 計 算 書 借　方	損 益 計 算 書 貸　方	貸 借 対 照 表 借　方	貸 借 対 照 表 貸　方
現　　　　金	1,345,600						1,345,600	
現 金 過 不 足	7,800			7,800				
当 座 預 金	1,508,000						1,508,000	
普 通 預 金	2,046,000						2,046,000	
売 　掛 　金	3,920,000						3,920,000	
貸 倒 引 当 金		19,200		20,000				39,200
繰 越 商 品	616,000		704,000	616,000			704,000	
貸 　付 　金	958,000						958,000	
備 　　　品	5,071,200			845,200			4,226,000	
買 　掛 　金		1,628,000						1,628,000
借 　入 　金		1,472,000						1,472,000
資 　本 　金		7,200,000						7,200,000
繰越利益剰余金		3,080,000						3,080,000
売 　　　上		18,506,000				18,506,000		
受 取 利 息		43,400				43,400		
仕 　　　入	10,056,000		616,000	704,000	9,968,000			
給 　　　料	3,500,000		192,000		3,692,000			
広 　告 　費	604,000			129,600	474,400			
交 　通 　費	284,000				284,000			
通 　信 　費	500,000		7,800		507,800			
消 耗 品 費	308,000				308,000			
保 　険 　料	907,200				907,200			
水 道 光 熱 費	90,000				90,000			
租 税 公 課	142,000				142,000			
支 払 利 息	84,800				84,800			
	31,948,600	31,948,600						
貸倒引当金繰入			20,000		20,000			
減 価 償 却 費			845,200		845,200			
前 払 広 告 費			129,600				129,600	
未 払 給 料				192,000				192,000
当 期 純 利 益					1,226,000			1,226,000
			2,514,600	2,514,600	18,549,400	18,549,400	14,837,200	14,837,200

★1つにつき4点

第1問（4点×7問＝28点）

	借　方	金　額	貸　方	金　額
1	当座預金	90,000,000	資本金	90,000,000
2	有価証券	525,000	普通預金	525,000
3	支払手付金	80,000	現金	80,000
4	貸倒引当金	372,000	売掛金	372,000
5	現金 売掛金 売上原価	70,000 50,000 90,000	売上 商品	120,000 90,000
6	租税公課	353,500	普通預金	353,500
7	貸付金	8,500,000	現金	8,500,000

第2問（4点×4問＝16点）

（ア）	￥256,000	（イ）	￥13,365,000	（ウ）	￥4,335,000	（エ）	￥2,207,500

第3問 （4点×3問＝12点）

(1)	(2)	(3)
1	2	4

第4問 （4点×3問＝12点）

小 口 現 金 出 納 帳

受　　入	令和×4年		摘　　　要	支　払	内　　　　　訳				残　高
					通信費	交通費	消耗品費	雑　費	
60,000	10	7	前　週　繰　越						60,000
		8	プリンター用紙代	2,500			2,500		57,500
		〃	接待用お土産代	9,400				9,400	48,100
		9	タクシー代	4,700		4,700			43,400
		10	スマートフォン通話料	8,900	8,900				34,500
		〃	高速バス代	6,900		6,900			27,600
			合　　　計	32,400	8,900	11,600	2,500	9,400	
32,400		11	本　日　補　給						60,000
		〃	次　週　繰　越	60,000					0
92,400				92,400					
60,000	10	14	前　週　繰　越						60,000

★1つにつき4点

第5問 （4点×8問＝32点）

精　算　表

勘定科目	残高試算表 借方	残高試算表 貸方	修正記入 借方	修正記入 貸方	損益計算書 借方	損益計算書 貸方	貸借対照表 借方	貸借対照表 貸方
現　　　金	313,500						313,500	
当 座 預 金	362,000						362,000	
普 通 預 金	194,000						194,000	
売 掛 金	325,000						325,000	
貸 倒 引 当 金		3,000		6,750				9,750
繰 越 商 品	315,000		325,000	315,000			325,000 ★	
貸 付 金	500,000						500,000	
備　　　品	1,000,000			125,000			875,000	
買 掛 金		157,500						157,500
借 入 金		325,000						325,000
資 本 金		1,250,000						1,250,000
繰越利益剰余金		250,000						250,000
売　　　上		8,080,000				8,080,000 ★		
受 取 利 息		12,500				12,500		
仕　　　入	5,340,000		315,000	325,000	5,330,000			
給　　　料	1,055,000		18,000		1,073,000			
広 告 費	109,000				109,000			
交 通 費	61,500				61,500			
通 信 費	34,000				34,000			
消 耗 品 費	99,000			22,500	76,500 ★			
支 払 家 賃	240,000			13,000	227,000			
水 道 光 熱 費	82,500				82,500			
租 税 公 課	41,000				41,000			
支 払 利 息	6,500				6,500			
	10,078,000	10,078,000						
貸倒引当金繰入			6,750		6,750 ★			
減 価 償 却 費			125,000		125,000 ★			
消 耗 品			22,500				22,500	
未 払 給 料				18,000				18,000 ★
前 払 家 賃			13,000				13,000 ★	
当 期 純 利 益					919,750 ★			919,750
			825,250	825,250	8,092,500	8,092,500	2,930,000	2,930,000

★1つにつき4点

第1問 （4点×7問＝28点）

	借　　方	金　　額	貸　　方	金　　額
1	貸倒引当金	223,000	売掛金	223,000
2	旅費交通費 現金	180,000 20,000	仮払金	200,000
3	当座預金	35,000,000	資本金	35,000,000
4	普通預金 売掛金	600,000 291,000	売上 仮受消費税	810,000 81,000
5	給料	930,000	所得税預り金 普通預金	72,500 857,500
6	損益	1,015,000	繰越利益剰余金	1,015,000
7	備品	900,000	未払金	900,000

第2問 （4点×3問＝12点）

（ア）	¥7,620,000	（イ）	¥9,960,000	（ウ）	¥14,820,000

売 上 帳

令和×4年		摘　　　要	金　額
10	10	岡山商事㈱　　　　　　掛	
		F商品　400個　＠￥600	240,000

得 意 先 （売 掛 金） 元 帳
岡 山 商 事 ㈱

令和×4年		摘　要	借　　方	貸　　方	借または貸	残　　高
10	1	前月繰越	420,000		借	420,000
	10	売上	240,000		〃	660,000
	26	小切手回収		400,000	〃	260,000
	31	次月繰越		260,000		0
			660,000	660,000		
2	1	前月繰越	260,000		借	260,000

★1つにつき4点

商 品 有 高 帳
J商品

令和×4年		摘要	受　入			払　出			残　高		
			数量	単価	金　額	数量	単価	金　額	数量	単価	金　額
1	1	前月繰越	200	600	120,000				200	600	120,000
	6	仕入	700	550	385,000				200	600	120,000
									700	550	385,000
	13	売上				200	600	120,000			
						450	550	247,500	250	550	137,500
	20	仕入	800	570	456,000				250	550	137,500
									800	570	456,000
	25	売上				250	550	137,500			
						450	570	256,500	350	570	199,500
	31	次月繰越				350	570	199,500			
			1,700		961,000	1,700		961,000			
2	1	前月繰越	350	570	199,500				350	570	199,500

商品販売益（粗利）￥ 527,000 　　（(970×650＋940×700)－(961,000－199,500)）

★1つにつき4点

第5問 （4点×8問＝32点）

貸 借 対 照 表

株式会社福岡機器 　　　　　令和×4年12月31日

資　　産	金　　額	負債および純資産	金　　額
現　　　　　金	506,000	買　　掛　　金	446,000
当　座　預　金	720,000	借　　入　　金	600,000
普　通　預　金	500,000	未　払　費　用	★ 58,000
売 掛 金（900,000）		資　　本　　金	1,600,000
貸倒引当金（18,000）	★ 882,000	繰越利益剰余金	★ 3,784,000
商　　　　　品	★ 702,000		
貸　付　　金	1,000,000		
備　　　　品	2,100,000		
前　払　費　用	78,000		
	6,488,000		6,488,000

損 益 計 算 書

株式会社福岡機器 　　　　令和×4年1月1日～令和×4年12月31日

費　　用	金　　額	収　　益	金　　額
売　上　原　価	★ 13,113,000	売　　　　　上	21,700,000
給　　　　料	2,910,000	受　取　利　息	20,000
広　　告　　費	402,000		
交　　通　　費	178,000		
通　　信　　費	136,000		
保　　険　　料	★ 226,000		
支　払　家　賃	600,000		
水　道　光　熱　費	290,000		
租　税　公　課	152,000		
支　払　利　息	15,000		
貸 倒 引 当 金 繰 入	14,000		
減　価　償　却　費	★ 300,000		
★（当 期 純 利 益）	3,384,000		
	21,720,000		21,720,000

★1つにつき4点